어휘력, 문해력 명쾌하게 해결하는 10대

어휘력, 문해력 명쾌하게 해결하는 10대

초판1쇄 발행 2024년 4월 20일

지은이 박민혜
그린이 노소영
펴낸이 정광진

펴낸곳 봄풀
디자인 모아김성엽

신고번호 제406-3960100251002009000001호
신고년월일 2009년 1월 6일

주소 주소 경기도 고양시 일산동구 숲속마을1로 116
전화 031-955-9850
팩스 031-955-9851
이메일 spring_grass@nate.com

ISBN 978-89-93677-98-0 43700

뭐? 문제만 읽으면 답이 보인다고?

★ ★ ★ ★ ★

미래는 내 손안에 있다고!

훗훗훗…

공부할 때, 시험 볼 때, 책 읽을 때
문제와 문장의 뜻을 정확히 파악하는
어휘력, 문해력 명쾌하게 해결하는 10대

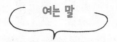

즐겁고 재미있게
어휘력과 문해력을 키워요

미래 사회를 이끌어갈 10대 청소년들에게 요구되는 핵심 역량은 다양해요. 창의성도 그중 하나인데요. 창의성이라고 하면 흔히 음악, 미술, 문학, 무용 같은 예술 활동과 연관 지어 생각하기 쉽죠. 때로는 엉뚱하거나 기발한 생각을 창의성과 혼동하기도 하고요.

사회심리학자 하버드대학교 아마바일 교수는 창의성을 '수프 만들기'에 비유해 설명해요. 수프를 만들려면 도구와 재료가 필요하죠. 그는 사람의 '마음'을 솥이라고 했어요. 그리고 그 솥에 재료에 해당하는 '지식'을 넣고 요리의 풍미를 돋우기 위해 양념을 넣죠. 자, 그럼 이제 아궁이에 땔감을 넣고 불을 지펴 끓이면 되는데요. 이때 땔감이 바로 '알아가는 재미와 알고자 하는 욕구'라고 했어요. 땔감과 불만 있으면 수프가 만들어질까요? 제아무리 훌륭한 재료라고 해도 양념이 안 들어간 수프는 맛이 없어요. 모든 것이 각각 조화롭게 힘을 발휘해야 우리는 비로소 맛있고 건강한 수프를 먹을 수 있죠.

얼마 전부터 우리 사회에서 화제의 중심이 된 '문해력'도 중요한 핵심 역량 중 하나예요. 그런데 왜 자꾸 사람들 입에 오르내릴까요? 10대들의 읽기 능력이 점점 떨어지고 있기 때문이에요.

우리나라는 '문해력(文解力)'을 글을 읽고 이해하는 능력이라고 정의해요. 하지만 '문해력'으로 해석하는 영어단어 '리터러시(Literacy)'는 글을 읽고 이해하는 것뿐만 아니라 쓰는 능력까지 포함하죠. 게다가 특정 분야의 정보를 읽고, 이를 활용하는 능력으로까지 그 개념이 확장되었는데요. 이때의 '활용'은 새롭게 알게 된 정보를 갖고 있는 지식과 연결시켜 새로운 콘텐츠를 창작하는 걸 의미해요. 문해력이 미래의 권력이자 가장 중요한 경쟁력인 콘텐츠 창작과 직결되는 거예요.

　이 책은 어떻게 하면 즐겁고 재미있게 어휘력을 키울 수 있을까에 초점을 맞춰 다양한 실천 방법을 실었어요. 문해력을 키우는 데 기본은 풍부한 어휘력이기 때문이죠. 지금까지 읽고 풀었던 국어 공부법 관련 책이나 정답이 있는 어휘력 문제집과는 많이 다를 거예요. 공부라면 멀리 도망치고 싶은 10대들의 마음을 담아 지루하지 않으면서도 실용적인 내용을 담으려고 노력했거든요.

　이제 풍부한 어휘력을 갖고 싶다는 열망, 하나라도 잘 실천해 보겠다는 마음가짐, 앎의 즐거움을 깨닫는 데까지 걸리는

6

시간과 인내와 노력은 친구들이 직접 준비해야 해요.

　부디 친구들의 어휘력이 향상되어 풍성한 맛과 영양가 높은
자기만의 수프를 맛볼 수 있기를 바랍니다.

　파이팅!

차례

Part 1
나를 주인공으로 만드는
어휘력과 문해력

Part 1

나를 주인공으로 만드는
어휘력과 문해력

★ ★ ★ ★ ★

챗GPT 시대에
문해력이 필요할까요?

"잠시라도 곁에 없으면 안절부절 못하고 어쩔 줄 모른다. 밥을 먹을 때도, 화장실에 갈 때도, 잠자리에 들 때도, 아침에 눈을 뜰 때도 가장 먼저 찾게 되는 너. 어쩌다 짧은 순간, 네가 보이지 않으면 불안과 초조로 정신이 아득하고 혼미해진다. 네가 없는 세상은 상상조차 하기 싫다."

'연애편지'라고 해도 손색없겠죠? 이 글을 읽고 여러분이 떠올리는 '너'는 누구인가요, 혹은 무엇인가요? 무척 궁금해요. 중학생을 대상으로 하는 특강에서 이 글을 보여주고 떠오르는 것들에 대한 이야기를 자유롭게 나눈 적이 있어요. 기억에 남는 답변 중에는 '게임', '유튜브', '인스타그램', '연예인(아이돌 그룹)' 등이 있었고 가장 많은 답변은 단연 '스마트폰'이었어

나를 주인공으로 만드는 어휘력과 문해력

요. 친구들의 출생년도가 2007년 아이폰(iPhone)이 출시된 시기 이후라면 스마트폰 없는 세상을 한 번도 경험해 보지 못한 세대이니 그럴 수 있겠다 싶어요.

　얼마 전 챗(Chat)GPT 공개로 온 세상이 떠들썩해요. 인터넷에 올라 있는 모든 정보를 검색해 수렴할 수 있고, 여러 가지 내용을 연결해 어떤 질문에도 막힘없이 대답한다고 알려져 있죠. 문장력을 갖춘 글 창작은 수준급이고, 긴 글을 짧게 요약하는 능력은 인간을 뛰어넘는다는 평가까지 받아요. 챗GPT 개발로 특정 직업군이 사라지는 건 물론, 인간의 고유 영역이라 불리는 창의성과 공감 능력의 자리까지 AI에 내어줄 수 있다는 우려의 목소리도 나오고요.

　그러나 제가 실제로 경험한 챗GPT는 그리 완벽하지 않았어요. 한번 볼게요. 챗GPT에 질문하는 게 저예요.

 신사임당은 누구입니까?

신사임당은 조선시대 한국의 여성 교육자, 문인, 정치가이며 18세기 중반에 활동했습니다. 그녀는 남자들만 받던 서원에서 여성들을 가르치기 시작하여 여성 교육에 큰 기여를 했습니다. 또한 그녀는 현대적인 의미의 여성 인권을 주장하며 여성들의 권리를 옹호했으며, 그녀의 이러한 노력과 업적으로 인해 대한민국에서는 여성 인권 수호의 상징적 인물로 여겨지고 있습니다.

신사임당은 1500년대 인물인데 18세기 중반에 활동했다고요?

제가 이전에 작성한 답변에서 일부 오류가 있었습니다. 신사임당은 16세기 조선시대의 여성 교육자, 문인, 정치가이며 18세기 중반에 활동한 것이 아니라 16세기 중반에 활동했습니다. 죄송합니다.

신사임당의 아들은 누구입니까?

신사임당의 아들은 이종서(李仲序)입니다. 이종서는 조선시대 중기의 문인으로, 삼문교도(三文教導) 중 한 사람으로 교육학자였습니다. 그는 조선시대의 교육철학을 발전시키고, 현대 교육의 선구자 중 한 사람으로 평가되고 있습니다. 이종서 역

시 어머니인 신사임당과 함께 여성 교육을 중요시
하였으며, 그녀의 업적을 계승하여 여성 교육을 추
진하였습니다.

 신사임당은 왜 재혼을 하지 않았을까요?

신사임당은 남편과 6년간의 결혼 생활을 함께한
후 26살 때 남편이 사망하였습니다. 그 이후에는
다시 결혼하지 않았습니다.

그 이유에 대해서는 명확한 기록이 없기 때문에 확
실하지 않지만, 당시 조선시대 사회에서는 여성이
재혼하는 것이 일반적이지 않았습니다. 특히, 신사
임당처럼 교육자, 문인, 정치가 등 사회적 지위가
높은 여성들은 남편이 사망한 후 다시 결혼하는 것
이 자제되었던 것으로 알려져 있습니다.

또한 신사임당은 남편과의 결혼 생활에서 자식을
낳지 않았습니다. 이러한 이유로 인해 자식을 얻기
위해서도 재혼을 고려하지 않았을 가능성이 있습
니다.

하지만, 이러한 추측들은 모두 확실한 역사적 기록

이 없기 때문에 신사임당이 왜 재혼하지 않았는지에 대해서는 정확한 답을 제시하기 어렵습니다.

 방금 신사임당의 아들이 이종서라고 했잖아요?

네. 저는 방금 신사임당의 아들이 이종서라고 말씀드렸습니다. 제가 이전 답변에서 남편과 결혼 생활에서 자식을 낳지 않았다고 이야기한 것은 잘못된 정보였습니다. 신사임당은 남편과의 사이에서 아들을 한 명 낳았으며, 그 아들의 이름이 이종서입니다. 죄송합니다.

 제가 알기로는 아들과 딸을 여럿 두었고, 이종서라는 이름의 자녀는 없는 것으로 압니다만…

죄송합니다. 저의 이전 답변에 오류가 있었습니다. 신사임당은 남편과의 사이에서 아들과 딸을 각각 두었습니다. 그리고 이종서라는 이름의 아들은 없었습니다. 다시 한 번 사실을 확인하지 않고 잘못된 정보를 제공한 점 죄송합니다.

어떤가요? 챗GPT의 한계가 보이죠? 빈 수레까지는 아니지만, 적어도 세간에 알려진 소문이 너무 요란하다는 생각은 들었어요. 물론, 이런 기술적 오류와 한계는 빠르게 극복되리라는 걸 잘 알고 있어요. 언어의 장벽도 마찬가지고요.

하지만 우리가 잘못된 정보를 걸러낼 수 있을 만큼의 지식을 갖고 있고, 제공된 정보를 비판적으로 읽고 수용하는 능력을 갖춘다면 챗GPT에 의존하는 시대가 온다고 하더라도 그리 걱정할 일은 아님을 깨달았어요.

F자 형으로
읽고 있지 않나요?

대화할 때 '말하기'보다 더 중요한 게 '듣기'라고 하죠? 예쁜 목소리와 뛰어난 진행 솜씨로 유명한 이금희 아나운서는 한 방송에서 "말을 잘하는 사람들은 먼저 남의 말을 잘 듣는 사람들이었어요."라고 얘기했어요. 상대의 말을 잘 들으면 무엇을 묻는 건지, 무엇을 알고 싶은 건지 알게 되므로 그에 맞는 적절한 대화가 가능하죠. 말하기와 듣기는 그만큼 긴밀하게 연결되어 있어요.

그럼, 말하기를 '쓰기'라고 하고, 듣기를 '읽기'라고 생각해 볼까요? 쓰기와 읽기도 서로 연결되어 있답니다. 잘 쓰기 위해서는 먼저 잘 읽어야 하죠. 하지만 주변을 둘러보면 논리적인 글쓰기를 가르치는 논술학원이나 호소력 있게 말하는 방법을 가르치는 스피치 학원은 있어도 경청하는 방법, 올바르게 읽는 방법을 가르치는 학원은 아직 보지 못했어요. 속독학원이 있긴 하지만 빠른 속도로 책 읽는 법을 가르치는 학원이지 잘 읽는 방법을 가르치는 것은 아니죠.

잘 읽으면 새로운 사실과 정보를 목적에 맞게 정리해 정확하게 요약할 수 있어요. 그리고 자기만의 지식으로 저장해서 원할 때 언제든 꺼내어 쓸 수 있죠. 그것을 글로 꺼내면 나의 견해나 주장이 담긴 글이 되고, 말로 옮기면 소신 있는 달변가가 돼요. 지식은 아는 것에서 끝내면 안 돼요. 글이나 말로 표현해야 비로소 진정한 내 것이 되거든요. 내 생각과 주장이 담긴 글쓰기와 말하기가 되려면 먼저 잘 읽어야 가능하답니다.

개인적으로 저는 스마트폰이 훌륭한 도구라고 생각해요. 의심의 여지가 없어요. 터치 몇 번으로 손쉽게 정보를 검색해 원하는 걸 얻을 수 있으니 거부하기 힘든 매력적인 물건임엔 틀림없죠. 그런데 그렇게 구한 정보들은 엄밀히 말해 내 것이 아니에요. 나를 대신해 누군가 먼저 경험한 걸 알아보기 쉽게 정리해 놓은 거죠.

누구나 접근이 가능한 일반적인 정보가 내 지식이 되려면 반드시 '자기화'를 거쳐야 해요. 자신의 목적에 맞는 정보를 추출해서 과제를 해결하거나, 의사를 결정하는 데 활용할 수 있어야 완벽한 '자기화'가 이루어지는 거예요. 그러려면 내가 찾

나를 주인공으로 만드는 어휘력과 문해력

은 정보를 꼼꼼하게 읽고 이해해야 해요. 그리고 믿을 만한 정보인지 검증하고, 다른 정보와 비교해 타당한지 확인한 후 필요한 것만 추리는 과정을 거쳐야 하죠.

그런데 읽고 이해하는 단계에서부터 막히면 정보를 비판적으로 수용하지 못하고, 과장과 왜곡을 분별하지 못하게 돼요.

이쯤에서 '잘 읽는다는 게 뭐지?', '잘 읽었다는 걸 어떻게 알 수 있지?' 궁금증이 생기지 않나요? 그렇다면 친구들은 지금 무척 잘 읽고 있는 거예요. 단순히 글자를 읽는다고 해서 '잘 읽었다'고 표현하진 않아요. 내용을 이해하고, 그중 사실과 사실이 아닌 것을 구분할 수 있어야 하죠. 또한, 읽은 내용을 자기 말로 요약, 설명할 수 있어야 잘 읽었다고 할 수 있어요. 아는 것 같긴 한데 다른 사람에게 설명할 수 없다면 진짜로 아는 게 아니거든요. 내가 읽고 느낀 것을 곱씹고 말이나 글로 표현하는 일은 '메타인지(자신의 생각에 대해 판단하는 능력)'를 높이는 가장 좋은 방법이기도 해요.

수업 시간에 선생님 설명을 듣고 있으면 의문점이 생길 때가 있죠? 선생님 설명을 듣고도 이해가 잘 안 될 때, 설명과 교과서의 내용에 차이가 있을 때, 이전에 공부한 내용과 어긋나거나 모순을 발견할 때 질문거리가 생기듯 잘 읽었을 때도 비슷한 일이 벌어지는데요. 자신의 기존 경험과 지식에 비추어

재해석하는 과정에서 균열이 발생했기 때문이죠. 그리고 그건 문장을 읽고 의미를 해석해서, 나름의 생각과 주장이 생겼다는 의미이기도 해요. 그래서 내 생각과 주장을 뒷받침할 만한 근거를 찾기 위해, 혹은 자신의 물음에 답을 얻기 위해 또 다른 읽기로 행동이 자연스럽게 이어진다면 분명 지적 호기심이 충만한 친구일 거예요.

그렇게 찾은 답을 논리적으로 요약, 정리하면 이른바 '소논문'이 되는 거죠.

덴마크 출신의 전산학자인 제이콥 닐슨(Jakob Nielsen) 박사는 종이에 쓰인 글을 읽을 때와 디지털 화면으로 읽을 때를 비교하는 실험을 했어요. 디지털 화면을 보는 사람들의 시선을 카메라로 찍어 분석했는데요. 결과는 디지털 화면을 읽을 때 꼼꼼히 읽는 능력이 현저히 떨어졌어요. 평균 10초 이내로 페이지를 전부 훑느라 눈동자가 알파벳 'F' 모양을 그린다고 하여 디지털 읽기를 'F자형 읽기'라고 했죠.

'F자형 읽기'는 처음 한두 문장만 끝까지 읽고 중간까지 훌쩍 뛰어넘은 뒤, 중반부 한두 문장을 읽고 또 아래로 쭉 내려와 버리는 양상을 보인다고 해요. 꼼꼼하게 읽어도 글의 내용을 정확히 파악하기 어려울 때가 있는데, 그렇게 읽고 문장을 곱씹고 의미를 해석하는 일이 가능할까요? 심지어 기사에 달

　　　　　　　　　　나를 주인공으로 만드는 어휘력과 문해력

린 익명의 댓글 몇 개를 읽고 기사 전문을 추측한다거나 댓글 내용이 마치 자기 생각인 것처럼 착각하는 모습을 보이기도 하는데요. 왜 이런 일이 벌어지는 걸까요?

듣고 배우는 시기에는 어렵지 않던 공부가 읽고 배우는 시기로 넘어가면서 갑자기 어렵게 느껴지는 것도 이와 무관하지 않아요. 학년이 올라갈수록 설명을 들으면서 배우는 비중은 줄어들고, 대신 교과서나 참고서를 읽고 배우는 비중이 커지는데요. 어휘가 어려워지고, 문장이 복잡해지니 읽고 이해하는 사고의 과정이 버거울 수밖에 없죠. 이해할 수 없는 문장이 나왔을 때 읽고 생각하고, 다시 읽고 또 생각하는 습관이 형성되지 않은 친구, 즉각적으로 답을 구하는 데 익숙해진 친구라면 어느 순간부터 공부를 혼자서는 할 수 없게 되는 거예요.

그런 만큼 지금부터라도 꼼꼼히 읽는 노력을 기울여야 해요. 모르는 어휘가 나오면 찾아보고, 문장의 뜻을 이해해서 전체적인 문맥을 파악하고, 글의 얼개를 헤아리는 훈련을 해야 하는 거죠. 그것은 생각하는 기술과 방법을 익히는 과정과도 연결되어 있는데요. 디지털 신문보다는 종이 신문, 오디오북보다는 종이책 읽기가 좋아요.

나이가 많아진다고 생각하는 힘이 저절로 커지지는 않아요. 대신 꼼꼼히 읽고, 의미를 해석해서 비판적으로 받아들이고,

논리적으로 사고하는 훈련을 거듭하면 나이가 어려도 생각하는 힘은 얼마든지 커질 수 있죠. 옳고 그른 정보를 가려내는 뇌기능도 자연스럽게 발달하고요. 조각조각의 정보들을 하나로 통합하고, 핵심을 꿰뚫는 통찰력도 생길 거예요.

잘 읽는 것만으로도 똑똑한 교양인이 될 수 있어요.

문해력이 성적을
좌우한다고요?

앞에서도 말했듯 문해력의 정의는 학자에 따라 조금씩 차이가 있어요. 우리나라에서는 글로 쓰인 모든 것을 빠르게 읽고 이해하는 능력을 문해력이라고 하지만, 어떤 학자는 '듣고, 읽고, 쓰고, 말하는 언어의 모든 영역의 능력'을 문해력이라고 정의하기도 했죠. 그런가 하면 국립국어원은 '사회에서 일상생활을 해나가는 데 필요한 글을 읽고 이해하는 최소한의 능력'이라고 규정했고, 유네스코는 '다양한 내용에 대한 글을 이해, 해석, 창작할 수 있는 힘'으로 정의하기도 했어요. 서울대 전 입학사정관이었던 진동섭 선생님은 '문자를 자유자재로 활용할 수 있는 능력, 사회적으로 성공하기 위해 꼭 필요한 능력'을 문해력이라고 소개했고요.

종합해 보면 문해력은 '다양한 내용의 글이나 문서의 형식

나를 주인공으로 만드는 어휘력과 문해력

을 띤 정보를 비판적으로 읽고, 창의적으로 활용할 수 있는 능력'이라고 정의할 수 있어요. 특별히 대단한 능력처럼 여겨지지 않는다고요? 아마도 평소에 읽고 이해하는 것에 큰 어려움을 느껴보지 않아서 그럴 거예요. 10대는 아직 경험이 충분치 않고, 일상이 비교적 단조로울 테니까요.

그럼 몇 년 후 성인이 된 나를 상상하며 다음 내용을 읽어볼까요? 문해력이 얼마나 중요한 능력인지 느낄 수 있을 거예요.

자립을 위해 집을 알아보고, 드디어 계약하려고 합니다. 빼곡하게 적힌 계약사항을 읽고 나에게 불리한 점은 없는지, 계약 내용이 구두로 나눈 사실과 다름없는지 확인하는 절차만 남았네요. 일단 계약서에 서명하고 나면 무를 수 없는 거 알죠?

학교 장학금을 받기 위해 지원서를 작성합니다. 자신이 장학금을 받아야 하는 이유와 목적을 적고, 향후 진로를 트렌드와 연결 지어 구체적으로 드러나게 적어야 한다는군요. 진로에 대한 결정도 어려운데 미래 트렌드를 알려면 어떤 정보를 어떻게 검색해야 할까요?

취업 면접을 준비하고 있습니다. 1차 면접에 합격한 기쁨도 잠시, 2차는 PT 면접이라네요. 자료를 조사해서 짜임새 있는 5분짜리 발표 자료를 만들어야 하는데 어쩌죠? 입사하면 상사에게 보고해야 하는 내용을 군더더기 없이 핵심만 추려서 문서 한 장으로 만들어야 하는데, 벌써 걱정입니다. 취업에 성공해서 직장생활 잘하고 있는 친구들이 대단해 보여요.

가상의 사례를 읽는 것만으로도 머리가 지끈지끈하죠? 일상생활에서 해결해야 하는 일들이 알고 보면 상당한 문해력을 요구해요. 계약서는 대부분 글이나 문서의 형식을 띠고 있으므로 비판적, 논리적으로 읽고 파악하는 게 필수예요.

2015년 한국직업능력연구원의 자료에 의하면 독서와 읽기가 취업률과 소득 수준에도 직접적인 영향을 미친다는 결과가 있는데요. 그렇다면 문해력은 단순히 취업을 준비하는 사람, 직장을 다니거나 사업을 하는 사람들에게만 중요한 걸까요?

아니에요. 10대 청소년의 경우, 학습 격차와 문해력 사이에 깊은 상관관계가 있다고 알려져 있어요. 사실, 초등학교 때는 문해력의 차이가 있어도 잘 알 수 없어요. 내용이 어렵지도 않고, 선생님이나 부모님의 설명을 들으면 쉽게 이해되거든요.

하지만 중학교나 고등학교에 가면 교과서 내용이 어렵게 느꺼지죠. 우선 어휘 자체가 어려운 데다 개념과 설명이 한 번에 이해되지 않을 정도로 복잡하거든요. 누군가의 설명만으로 완벽히 이해하기란 쉽지 않죠. 그렇다 보니 교과서와 참고서를 스스로 읽고 이해하는 능력을 길러야 하는데, 바로 그 능력 유무가 학습 격차로 이어지는 거예요.

중학교 교과서는 어려운 개념과 어휘에 대한 설명이 각주와 본문에 쉽고 친절하게 담겨 있어요. 그런데 고등학교 교과서는 중학교의 교과 과정에서 학습한 내용을 학생들이 모두 알고 있다는 걸 전제하고 있으므로 이해가 쉽지 않죠.

법령의 조문은 대개 'A에 해당하면 B를 해야 한다.'처럼 요건과 효과로 구성된 조건문으로 규정된다. 하지만 그 요건이나 효과가 항상 일의적인 것은 아니다. 법조문에는 구체적 상황을 고려해야 그 상황에 맞는 진정한 의미가 파악되는 불확정 개념이 사용될 수 있기 때문이다. 개인 간 법률관계를 규율하는 민법에서 불확정 개념이 사용된 예로 '손해 배상 예정액이 부당히 과다한 경우에는 법원은 적당히 감액할 수 있다.'라는 조문을 들 수 있다. 이때 법원은 요건과 효과를 재량으로 판단할 수 있다. 손해 배상 예정액은 위약금의 일종이며, 계약위반에 대한 제재인 위약벌도 위약금에 속한다. 위약금의 성격이 둘 중 무엇인지 증명되지 못하면 손해 배상 예정액으로 다루어진다.

* 출처 : 2023학년도 대학수학능력시험 국어 영역 지문 일부

2023학년도 수능 국어 영역 지문의 일부예요. 문장이 딱딱하고 내용이 낯설어 단번에 이해하기가 어려워요. '조문', '요건', '일의적', '재량', '위약별', '위약금' 같은 단어는 자주 사용하는 어휘가 아니라 당황스럽죠. 그럼에도 글의 앞뒤 문맥을 파악하는 능력만 있다면 빈약한 어휘력이 크게 문제되지 않을 수 있어요. 문맥 속에서 어휘의 뜻을 유추하거나 숨어 있는 의미를 논리적으로 읽어내는 게 생각하는 기술이거든요. 그런데 생각하는 기술을 갖추는 데는 많은 시간과 노력이 필요해요. 이해 안 되는 문장을 읽고 생각하고, 다시 읽고 또 생각해서 의미를 파악하는 능력, 글의 짜임과 구조를 간파하는 능력이 하루 이틀 만에 생기지는 않으니까요.

우리는 무엇이든 손쉽고, 빠르게 결과를 얻는 데 익숙해져 있어요. 마음만 먹으면 원하는 정보에 접근할 수 있고, 필요한 정보도 얼마든지 구할 수 있죠. 하지만 아무리 정보가 넘쳐도

나를 주인공으로 만드는 어휘력과 문해력

검증을 마친 자료, 깔끔하게 정리된 정보, 비판적 관점에서 남다르게 해석한 데이터에 사람들은 더 가치를 부여하고 소비해요. 그런 의미에서 그 능력을 펼칠 수 있는 문해력이 미래의 권력이 되리라는 예측은 맞는 거죠.

내가 문해력을 갖추지 못한 상태에서 그런 세상이 오면 어떻게 될까요? 평생 다른 사람의 생각과 판단에 기대어 수동적으로 살게 될지도 몰라요. 우리가 생각하기를 멀리하고, 편리함과 편안한 삶을 추구할수록 문해력은 가지기도 어렵고, 쉽게 잃어버리게 되는 능력일지도 몰라요.

그러니 내 삶의 주인이 되어, 나만의 생각과 주관을 갖고 주체적으로 살기 위해서라도 정보를 비판적으로 읽고, 논리적으로 사고하는 힘을 키워야 해요.

나를 주인공으로 만드는 어휘력과 문해력

아무리 읽어도
뜻을 모르겠다고요?

'개미' 하면 무엇이 가장 먼저 생각나나요?

'개미'라고 하면 검고 작은 곤충의 생김새를 떠올리는 친구도 있고, '귀엽다'라거나 '징그럽다' 같은 느낌을 떠올리는 친구도 있을 거예요. 〈개미와 베짱이〉 이야기를 기억해내는 친구도 있고, 《개미》라는 책을 쓴 작가 베르나르 베르베르가 생각날 수도 있고요.

시인이자 동화작가인 김미희 님의 책 중에 《영어 말놀이 동시》라는 시집이 있어요. 그 책에 '세상에서 가장 큰 개미(ant)는?'이라는 질문이 있거든요. 뭘까요? 책에서 대답은 'elephant(코끼리)'였어요. 재미있죠? 혹시 다른 걸 생각한 친구가 있나요? 아! 'giant(거인)'도 있네요.

33

우리가 무엇을 보거나 듣거나 읽고 난 후 떠오르는 생각과 느낌은 각자 다를 수 있어요. 같은 그림을 보거나 같은 음악을 듣고도 각자 바라보는 게 다르고 느낌이 다르듯 같은 소설을 읽더라도 몰입과 재미를 느끼는 정도, 이해하는 수준은 각자 큰 차이를 보이죠. 그리고 그 차이는 각자가 가진 경험치와 지식에 따라 좌우되는데요. 이를 '배경지식'이라고 불러요. 배경지식이 많으면 같은 책을 읽고도 느끼는 바가 훨씬 많고 깊을 뿐만 아니라 기존의 지식과도 쉽게 연결되죠.

배경지식을 쌓는 방법은 여러 가지가 있는데, 그중 최고의 방법은 독서예요. 또 세상의 소식에 눈과 귀를 열어두는 습관도 배경지식을 확장하는 좋은 방법인데요. 뉴스를 시청하고, 신문을 읽는 등 각 매체의 콘텐츠를 적절하게 활용해 세상의 지식을 흡수해 보세요. 그냥 보고 읽기만 하지 말고 '어쩌다 저런 사건이 일어났을까?', '저 사람은 왜 그런 일을 했을까?' 같은 질문을 자신에게 던져 보세요. 그 답을 찾기 위해서라도 찾아서 읽게 되고, 꾸준히 하다 보면 국어 실력도 향상될 거예요.

영어학원에서 알게 된 캐나다 출신 친구가 있었어요. 저의 영어회화 선생님이었는데요. 가볍게 여행차 왔다가 한국 사람들이 너무 친절하고 따뜻해서 쭉 머무르게 되었다고 하더군요. 그런데 그가 한국에 온 지 고작 6개월밖에 되지 않은 어느

나를 주인공으로 만드는 어휘력과 문해력

날, 칠판에 적힌 한글을 더듬더듬 읽기 시작하는 거예요. 신기하고 놀랍기도 해서 '가지'라는 글자를 칠판에 써놓고 읽어보라고 했죠. 받침이 없고, 발음이 쉬워서인지 또박또박 읽더라고요. 깜짝 놀라 물었죠.

"너 요즘 한글 공부 열심히 하는구나? 그럼 '가지'는 영어로는 뭐라고 해?"

그랬더니 고개를 절레절레 흔들며 어깨를 으쓱하더라고요. 글자는 읽었지만, 그 글자가 무엇을 뜻하는지는 몰랐던 거죠. 그럼에도 저는 자음 14자, 모음 10자를 노트에 써서 열심히 외웠던 캐나다인 그 친구가 무척 대견했답니다.

우리 10대 친구들은 일상적인 대화나 통화, 문자메시지 등을 주고받을 때 소통에 어려움을 겪거나 내용을 이해하기 어려웠던 적은 별로 없을 거예요. 일상에서 사용하는 어휘는 대략 5,000개 정도로 사전에 등재된 어휘의 1/80 정도밖에 사용하지 않기 때문이에요. 이를 가리켜 우리는 '기본 어휘'라고 해요. 그러면 기본 어휘 5,000개를 우리가 모두 자주 사용하느냐 하면 그것도 아니에요. 그중 1,000개 정도의 사용량이 약 83% 정도 되고, 나머지 4,000개는 17% 정도밖에 사용이 안 된다고 해요. 즉, 일상 대화는 1,000여 개의 단어만으로도 가능한 거죠.

캐나다에서 온 친구가 시장에서 물건을 사고, 친구와 약속을 잡고, 혼자서 민속촌을 갈 수 있었던 이유는 일상에서 사

용하는 어휘를 빠르게 익혔기 때문이에요. 실제로 우리나라에서 1년쯤 거주한 후에는 '사과', '감자', '귤', '냉면', '김치찌개', '삼겹살', '라면', '청소', '시장', '친구', '집주인', '아저씨', '월세', '옥상', '침대', '베개', '책', '은행', '주세요', '얼마예요', '예뻐요', '먹어', '비싸요', '싫어', '읽어요', '좋아요', '만들어', '괜찮아' 같은 생존을 위한 어휘들을 척척 알아듣고 말했으니까요. 처음에는 단어를 위주로 말하다가 어느 순간 짧은 문장으로 넘어갔고, 나중에는 존대어까지 배워서 반말과 높임말을 섞어 쓰는 바람에 웃지 못할 해프닝도 많았죠.

2023년, 《표준국어대사전》에 등재된 표제어는 총 434,357개인데요. 이중 한자어와 외래어, 혼종어가 전체의 80%를 차지해요. 한자어는 한자를 기초로 만들어진 말, 외래어는 '버스', '컴퓨터', '피아노'처럼 외국에서 들어온 말로 우리말처럼 널리 쓰이는 단어라는 것쯤은 잘 알고 있죠? 혼종어는 '가스경보', '풋사과', '편지꽂이'처럼 서로 다른 언어에서 유래한 요소가 결합해서 하나의 단어가 된 걸 말해요.

43만여 개의 어휘 중 공통 어휘 1만 개를 뺀 42만 개가 일상에서 잘 사용하지 않는 희귀 어휘예요. '관세', '원자', '곶', '성충', '질량' 등이 희귀 어휘의 예인데요. 희귀 어휘는 일상생활에서 잘 사용하지 않아요. 기본 어휘처럼 일상적인 대화에서 자주 듣거나 말할 일이 없는 거죠.

그런데요. 성인들의 대화를 분석한 결과, 1천 단어당 희귀 어휘는 고작 17~18개 정도 사용되는 반면, 성인 도서에서는 세 배에 달하는 52개 정도의 희귀 어휘가 사용되었다고 해요. 그러니 희귀 어휘를 모르면 학교 수업이나 강연에서 배우는 내용, 교과서와 문학작품, 신문 등을 읽고 이해하는 데 어려움을 겪을 가능성이 커질 수밖에 없죠. 이처럼 드물게 사용되는 희귀 어휘지만 많이 알수록 글을 읽고 이해하는 속도가 빨라져 더욱 효율적으로 공부할 수 있고, 수업도 즐거워진답니다.

희귀 어휘를 모르면 책 읽기가 어렵고, 책을 읽지 않으면 희귀 어휘를 만날 기회가 줄어든다니 참 이상하죠? 글자는 읽지만 무슨 뜻인지 이해할 수 없다면 우리도 외국인 친구처럼 언제든지 이방인이 될 수 있다는 걸 알아야 해요.

나를 주인공으로 만드는 어휘력과 문해력

나의 문해력 수준은 어떨까요?

교과서를 읽기 힘들어하는 친구들이 생각보다 많아요. 학습 관련 특강을 가서 교과서를 읽자고 하면 오만상을 찌푸리죠. 세 번을 읽고도 내용의 핵심을 못 찾는 학생들도 많고요. 게다가 손에 필기구 드는 걸 무척 싫어해요. 필통이 없어서 옆 친구에게 빌리는 친구도 종종 본답니다. 그러니 책상에 앉아 수업을 듣기가 힘들죠. 봐도 모르겠고, 들어도 이해가 잘 안 되니 점점 공부에 흥미를 잃어가고요.

학교 선생님은 이런 친구들을 위해 교과서의 핵심을 간략히 정리해 PPT로 보여주거나 인쇄물로 출력해 나눠줍니다. 또 재미있는 드라마를 편집해서 영상으로 보여주기도 하죠. 하지만 볼 때만 잠시 흥미를 느낄 뿐, 이것이 수업과 어떻게 연관되는지, 무엇을 말하려고 하는지 모르니 효과는 크지 않아요.

핵심 내용은 무엇인지, 그중 중요하고 덜 중요한 것은 무엇인지, 결과에 대한 원인은 어디에서 비롯됐는지 알기 어렵죠. 과연 뭘 말하고 싶어 하는지 내용과 요점을 분석하고 판단하고 추론하는 능력은 자신이 직접 해보고, 시행착오를 거치지 않는 이상 늘기가 어려워요. 어느 정도의 문해력이 갖춰져 있지 않다면 시간과 노력은 훨씬 더 많이 들 것이 뻔하고요.

어휘력이 빈약해도 평소에는 잘 드러나지 않아요. 앞서 말했듯 일상적인 대화는 기본 어휘 1천 개만으로도 큰 문제가 없으니까요. 하지만 학년이 올라가면 이야기는 달라집니다. 국어 성적이나 전반적인 교과 성적이 떨어진다면 가장 먼저 문해력, 어휘력을 의심해 봐야 해요. 특히, 모르는 어휘가 많은 교과서를 읽을 때, 데이터나 통계 등의 자료를 분석하고 해석해야 할 때, 문학작품이나 비문학 지문을 읽고 문제를 풀어야 할 때 곤경에 처하는 경우가 많죠.

그럼 여기서 간단하게 문학 문해력 수준을 테스트해 볼까요?

내 용	Y	N
이야기를 읽고 내용을 정리해서 말할 수 있다.		
인물이 했던 말과 행동의 동기를 찾을 수 있다.		
이야기의 시간과 공간적 배경을 파악할 수 있다.		
짐작을 통해 모르는 단어의 뜻을 합리적으로 예상할 수 있다.		
비유적 표현을 읽고 그렇게 표현한 이유를 설명할 수 있다.		
이야기를 읽고 뒤에 이어질 내용을 상상할 수 있다.		
이야기를 기승전결에 따라 요약할 수 있다.		
하나의 단어를 듣고, 비슷한 뜻을 가진 다양한 단어를 찾은 뒤 서로 비교할 수 있다.		
이야기에서 읽은 것을 내 삶에 적용할 수 있다.		
내용에서 원인과 결과 그리고 사실과 의견을 구분할 수 있다.		
이야기를 읽고 작가가 하고자 하는 말이나 주제를 발견할 수 있다.		

* 출처: 《우리 아이 문해력 독서법》 전병규, 47p.

'예'라고 답한 개수가 5개 이하인 친구들이 있나요? 아쉽지만 그렇다면 문해력이 낮은 거예요. 이런 친구들은 우선 짧고 쉬운 책을 골라서 읽고, 한두 개의 핵심 단어로 자신이 읽은 책을 소개해 보는 것부터 시작하는 게 좋아요. 예를 들어, 은소홀 작가의《5번 레인》이라는 책을 읽고 "이 책은 경쟁과 우정에 대해 생각해 볼 수 있는 책이야."라고 간략하게 소개하는 것처럼요.

전래 동화나《탈무드》처럼 짧게 나누어진 이야기도 좋아요. 아무리 그래도 그렇지, 그 정도까지는 아니지 않냐고요?

11개의 문항 중 '예'가 5개 이하인 친구들은 무엇보다 책과 친해지는 연습부터 해야 해요. 모르는 어휘가 너무 많으면 이해하기 어렵고, 내용이 무엇을 말하는지 주제를 찾기 어렵거든요. 그래서 쉽고 재미있는 책, 짧은 이야기로 시작하는 게 필요한 거예요. 이제부터 매일 한 편씩 꾸준히 읽고, 간단히 정리해 보는 습관을 만들어 봐요.

'예'의 개수가 6~8개에 해당한다면 문해력은 보통이에요. 이 단계라면 아주 쉬운 어린이 대상의 책부터 출발할 필요는 없어요. 독서 후 책의 줄거리를 간단하게 소개할 수는 있을 테니까요. 그렇다면 책을 읽고 사실적 정보를 시간 순서에 따라 정리하는 것부터 시작해 보세요. 책마다 달라서 어떤 책은 인물을

나를 주인공으로 만드는 어휘력과 문해력

내용	Y	N
이야기를 읽고 내용을 정리해서 말할수 있다.		✔
인물이 했던 말과 행동의 동기를 찾을 수 있다.		✔
이야기의 시간과 공간적 배경을 파악할 수 있다.		✔

중심으로, 어떤 책은 사건을 중심으로 요약하게 될 거예요.

그렇게 독서 후의 정리가 익숙해지면 일주일에 한 권씩 줄거리를 단계별로 나누어 요약해 보세요. 대부분의 문학작품은 기-승-전-결이나 발단-전개-위기-절정-결말의 흐름을 따르거든요.

'예'의 개수가 9개 이상이라면 문해력이 높은 수준이에요. 이 정도 단계라면 문학작품뿐만 아니라 비문학 지문도 다양하게 읽는 게 좋아요.

문학의 경우 단순한 줄거리, 인물 간의 관계를 파악하는 수준에서 한 차원 높여 생각하는 힘 기르기에 초점을 둔 독후활동을 추천하는데요. 주인공의 어떤 점이 공감되었는지(공감이 어려웠던 것도 괜찮아요.), 그렇게 생각한 이유는 무엇인지, 내가 주인공이라면 어떤 선택을 했을지, 이후 이야기는 어떻게 전개될지, 책을 읽고 느낀 점을 나눈 후 같은 작가의 다른 작품과 비교해 보기까지 다양하게 확장된 독후활동을 해보세요. 그리고 하나의 주제로 친구와 함께 토론하다 보면 사고가 확장되는 경험을 하게 될 거예요.

또 비문학이라면 사실과 의견을 나누는 활동을 해보세요. 주장에 대한 근거가 적절한지 생각하며 읽는 거죠. 그리고 글의 짜임을 파악하려는 노력과 함께 모르는 어휘가 나왔을 때

나를 주인공으로 만드는 어휘력과 문해력

문장 속에서 어휘의 뜻을 유추해 보는 훈련을 하면 좋아요.

1930년대 농촌을 배경으로 한 심훈의 소설 《상록수》를 읽어 봤나요? 젊은이들의 농촌계몽 운동과 사랑이 흥미롭게 펼쳐지는 장편소설입니다. 우리말을 빼앗기고 일본말을 배워야만 했던 일제 강점기에 농촌으로 돌아가 아이들과 마을 사람들에게 한글을 가르치고 잘사는 농촌을 만들려 애쓰는 박동혁과 채영신 두 젊은이의 모습이 인상적인데요 일제에 저항하고 우리나라의 독립을 향한 사람들의 굳은 의지도 읽을 수 있답니다.

'농촌운동'도 감동적이지만, 우리가 모르는 소중하고 눈부신 어휘들을 만날 수 있는 것만으로도 《상록수》의 독서 경험은 소중합니다. 우리가 직접 읽지 않으면 '송판', '마루청', '환', '얼더듬다', '성화', '춘잠', '간이'와 같은 책 속의 어휘는 결코 만날 수 없어요. 읽지 않으면 만날 수 없는 어휘들, 찾아볼 기회조차 아예 없을 눈부신 어휘들이죠.

《상록수》를 예로 들었지만, 자신의 읽기 수준보다 높은 책을 고를수록 희귀 어휘를 만날 확률은 높아져요. 학교 도서관에는 대개 학년별 추천도서 목록이 붙어 있죠? 그중 한 권을 골라 책을 펼쳤는데 시작부터 모르는 어휘만 나와 아예 읽을 수 없었던, 한 쪽도 넘기지 못하고 책을 덮어버린 경험이 있나요?

만약 모르는 단어, 낯선 단어를 만나고도 멈추지 않고 계속 책을 읽는 친구들이 있다면 저는 크게 칭찬하고 싶어요. 다만, 모르는 것을 모르는 채로 두지 말고 귀찮더라도 그때그때 사전을 찾아보면 좋겠어요. 그건 결코 부끄러운 일도, 숨길 일도 아니에요. 혹시나 사전을 찾아봤는데도 이해되지 않거나 심지어는 사전의 설명이 더 어려울 때도 있어요. 그럴 때는 부모님이나 선생님께 물어보세요. 어휘력을 강화하는 비법이란 따로 있지 않거든요.

잘 알지도 못하면서 알고 있다고 생각하는 것을 인지심리학에서는 '설명 깊이의 착각'이라고 해요. 이때 누군가에게 자신이 알고 있는 것을 설명해 보면 이 착각에서 빠져나올 수 있는데요. 문학작품을 읽고 주제어 한두 개를 넣은 문장 만들기, 기-승-전-결에 따라 줄거리 요약하기가 어렵다면 글의 내용과 맥락을 제대로 파악하지 못했다고 봐야 해요.

문해력이나 어휘력은 대놓고 티가 나는 능력이 아니에요. 그래서 알고 있는 걸 밖으로 꺼내는 활동을 통해 자신의 문해력을 수시로 점검해 주는 게 좋아요.

나를 주인공으로 만드는 어휘력과 문해력

Part 2
어휘력과 문해력을 쑥쑥 키우는 12단계

★ ★ ★ ★ ★

도로가 막히는데 왜 막히는지 모르면 기다리는 시간이 무척 지루하잖아요. 마찬가지로 10대 친구들도 이 글을 왜 읽어야 하는지 모른다면 끝까지 읽기 어렵고, 누군가 읽고 요약해 놓은 글을 찾아보고 싶은 유혹에 빠질 거예요.

그래서 문해력은 무엇인지, 문해력이 우리의 삶과 얼마나 긴밀하게 연관되어 있는지 앞에서 계속 강조했던 거죠. 어휘력은 문해력과 어떤 관계가 있는지, 쉽게 드러나지 않는 문해력과 어휘력을 어떻게 측정할 수 있는지도 간략히 설명했어요.

자, 이제부터는 빈약한 어휘력을 풍성하게 만들 수 있는 현실적이고 실용적인 방법들을 소개할 건데요. 조금만 관심을 기울이면 아주 쉽고 재미있고 효과 만점일 거예요.

1월

감정 단어로
공감 능력을 길러요

초등 고학년 친구들과 수업할 때의 일이에요. 통장에 매일 86,400원이 꼬박꼬박, 하루도 빠짐없이 입금된다면 기분이 어떨 것 같은지 물었죠. 그러자 마치 그 돈이 지금 바로 자신의 통장에 들어온 듯 흥분해 제게 이것저것 질문하기 시작했어요. 누가 준 건지, 다 써도 되는지, 엄마가 뺏어가는 건 아닌지, 뭘 해도 상관없는지 등을 물었고, 저는 모든 질문에 성의 있게 대답해 주었습니다. 단, 이 돈을 하루에 다 쓰지 못하면 다음 날로 넘겨서 쓸 수 없고, 모아둘 수 없다는 단서를 붙였죠.

친구들은 86,400원을 가능한 한 남기지 않고 잘 쓰기 위해 고민하기 시작했어요. 하고 싶은 것도, 사고 싶은 것도 많은 시기이니 용처는 저마다 달랐는데요. 처음에는 부모님 반대로 살 수 없거나 할 수 없었던 것에 가장 먼저 돈을 쓰겠다는 의견이 많았지만, 뒤로 갈수록 크게 중요하지 않은 일에도 돈을 쓰겠다고 했습니다. 나중에는 기부하겠다는 말도 나왔고, 하루 만에 다 써야 한다는 조항이 부담스러웠는지 "저축을 하면 여행도 갈 수 있을 텐데!"라며 아쉬움을 토로하기도 했죠.

이렇게 많은 의견이 오간 후 86,400원의 실체를 밝혔습니다. 누구나 공평하게, 매일 새롭게 선물 받는 86,400원은 다름 아닌 시간이었어요. 24시간을 환산하면 86,400초거든요. 우리는 하루의 1/3을 대개 잠을 자는 데 쓰고 있고, 1/3은 학교에서 친구들과 함께 수업을 듣고 공부하는 데 씁니다. 그리고 나머지 1/3은 각자 다양한 방식으로 시간을 사용하죠. 잠을 자는 것과 학교에서 수업을 듣는 것에서 큰 차이가 없다면 나머지 1/3이 여러분의 하루를 결정짓는 유일한 시간이 될 거예요. 그래서 더욱 소중한 시간이죠.

하지만 방학만큼은 예외입니다. 잠자는 시간을 제외한 모든 시간이 여러분의 것이며, 그 시간을 어떻게 보내느냐에 따라 개학 후 나의 성적과 학교생활이 달라지니까요. 혹시 오늘도 늦잠을 자고 일어나서 아침 겸 점심을 먹고, 스마트폰 게임을 하거나 유튜브를 보며 느긋하게 하루를 시작하진 않았나요?

"공부 좀 하려고 했는데, 엄마 잔소리를 들으니까 하기 싫어

어휘력과 문해력을 쑥쑥 키우는 12단계

졌어."라고 말대꾸해 본 적 있죠? 그러면 어김없이 "네가 그러면 그렇지."라는 비난이 돌아오고, 부모님과 얼굴을 붉히는 상황이 되죠. 그러면 친구들 기분은 어떤가요?

우리는 화날 때도, 기분이 좋지 않을 때도, 놀랐을 때도, 귀찮은데 억지로 뭔가를 해야 할 때도, 일이 원하는 대로 풀리지 않을 때도, 스트레스를 받을 때도, 주변이 시끄러울 때도 '짜증나'라는 한 가지 반응으로 일관하는 경향이 있어요. 거기에 좀 더 감정이 격해지면 '개짜증' 혹은 '개킹받네' 같은 속된 표현도 불사하죠. 좀 이상하지 않은가요?

지금 나의 기분은 어떤가요?

- 푹 자고 일어나 반쯤 뜬 눈으로 따뜻한 이불 속에 누워 있을 때의 느낌은?
- 친구와 만날 약속을 잡고 외출하기 위해 옷을 갈아입을 때의 마음은?
- 학원에 가야 하는데 숙제를 다 하지 못했을 때의 감정은?
- 사소한 오해로 친구와 다투고 난 후의 기분은?

느낌, 마음, 감정, 기분은 시시각각 바뀌고, 움직이고, 변화하는 나의 상태를 묻는 어휘들입니다. 혹시 나의 상태를 묻는 모든 물음에 '기분 좋아', '기분이 이상해', '느낌이 안 좋아', '짜증나', '힘들어' 같은 말들로 뭉뚱그려 표현하고 있진 않나요?

○ 느낌 : 몸의 감각이나 마음으로 깨달아 아는 기운이나 감정

○ 마음 : 사람이 다른 사람이나 사물에 대하여 감정이나 의지, 생각 따위를 느끼거나 일으키는 작용이나 태도

○ 감정 : 어떤 현상이나 일에 대하여 일어나는 마음이나 느끼는 기분

○ 기분 : 주위를 둘러싸고 있는 상황이나 분위기

문해력을 높이는 첫 단계는 친숙한 어휘들을 섬세하게 구분해 사용하려 노력하는 데서 출발합니다. 그것을 저는 '감정 단어'로 시작해 보려고 해요. 지금 느끼는 감정을 구분해 적절한 어휘를 붙이면 상대방은 여러분의 감정을 오해 없이, 충분히 공감할 수 있을 거예요. 우리가 자주 사용하는 혹은 알고 있는 감정 단어들을 생각나는 대로 쭉 적어볼까요?

우리는 기쁠 때 '기뻐'라는 표현 외에도 '날아갈 것 같아', '눈물 나려고 그래', '감동적이야', '신나', '뭉클해', '행복해', '환상적이야', '황홀해', '벅차올라'처럼 상황이나 감정의 강도에 따라 다양하게 표현하는 방법을 이미 알고 있어요. 그리고 우리가 느끼는 것을 어떻게 표현하느냐에 따라 상대에게 전해지는 메시지가 달라져요. 자신의 느낌, 마음, 감정, 기분을 섬세하게 알아차리고, 가장 가깝게 표현하면 무엇이 달라질까요?

문제점도 해결책도 찾을 수 있어요

시험 결과가 예상과 달리 형편없이 나오면 부모님께 혼날까봐 걱정되는 친구도 있고, 열심히 한다고 했는데 결과가 실망

스러워서 울고 싶은 친구도 있을 거예요. 하지만 그럴 때조차 '짜증나'로 나의 감정을 얼버무리고 있진 않나요? 이런 상황에서 진짜 여러분의 감정은 어떤 걸까요?

속상해, 절망적이야, 참담해, 답답해, 씁쓸해, 화나, 창피해, 걱정스러워

절망적이라고 느낀 친구라면 포기하고 싶은 마음이 커서일 거예요. 답답하게 느꼈다면 어떤 부분이 막혀서 출구를 찾을 수 없기 때문일 가능성이 크고요. 참담하다고 느낀다면 노력에 비해 결과가 너무 절망적이어서 그럴 겁니다. 이렇게 자신이 지금 어떤 감정인지 구체적으로 알게 되면 해결책도 금세 찾을 수 있어요. 무조건적인 응원과 지지가 필요하다면 부모님께 도움을 청하고, 공부 방법이나 태도에 대한 해법이 필요하면 공부 잘하는 선배나 선생님처럼 학습에 도움을 줄 수 있는 사람을 찾는 거예요. 지금 느끼는 감정이나 나의 기분을 적확하게 표현하는 어휘를 찾으려고 노력해 보세요.

어휘력과 문해력을 쑥쑥 키우는 12단계

○ 절망 : 바라볼 것이 없게 되어 모든 희망을 끊어 버린 상태

○ 답답하다 : 숨이 막힐 듯 애가 타고 갑갑하다

○ 참담하다 : 끔찍하고 절망적이고, 몹시 슬프고 괴롭다

경험이 없거나 부족하면 내가 느끼는 감정과 기분을 적절한 어휘로 솔직하게 표현하는 게 처음에는 서툴고 힘들 거예요. 그러면 아침에 일어났을 때, 학교에 가기 위해 집을 나설 때, 수업이 끝났을 때, 수학문제가 술술 풀릴 때, 점심 메뉴가 마음에 들었을 때 등 수시로 자신이 느끼는 기분과 감정을 체크해 봐요. 내가 지금 느끼고 있는 감정, 기분, 마음을 섬세하게 알아차린다면 스트레스를 관리하는 데도, 감정을 조절하는 데도 큰 도움이 될 거예요.

미처 모르고 있을 수도 있는 다양한 감정 단어들을 볼까요?

감격스러운, 감동적인, 감사한, 고마운, 놀라운, 눈물겨운, 든든한, 만족스러운, 뭉클한, 반가운, 싱그러운, 푸근한, 통쾌한, 경쾌한, 담담한, 명랑한, 산뜻한, 신나는, 유쾌한, 즐거운, 쾌활한, 편안한, 홀가분한, 활기 있는, 흐뭇한, 희망찬, 다정

어휘력과 문해력을 쑥쑥 키우는 12단계

한, 뿌듯한, 사랑스러운, 친숙한, 흡족한, 가혹한, 고통스러운, 괘씸한, 괴로운, 끓어오르는, 나쁜, 노한, 떫은, 모욕적인, 배반감, 북받친, 불만스러운, 섬뜩한, 걱정되는, 고단한, 공허한, 괴로운, 권태로운, 근심되는, 서글픈, 두려운, 부끄러운, 쓸쓸한, 아쉬운, 안타까운, 울적한, 의기소침한, 증오하는, 착잡한, 처량한, 처참한, 침울한, 침통한, 허전한, 허탈한, 귀찮은, 끔찍한, 미운, 부담스러운, 서운한, 얄미운, 야속한, 억울한, 차가운, 간절한, 소망하는, 후회스러운, 따분한, 멋쩍은, 불안한, 생생한, 실감나는, 어색한, 창피한…

* 참고: 《감수성 훈련》, 유동수 외 공저, 2017

이 중에서 정확한 뜻을 모르는 감정 단어가 있다면 사전 찾아보기를 추천해요. 지금까지 두루뭉술하게 알던 의미가 선명하고 명확해질 뿐만 아니라 어떤 때 사용하는 것인지 알게 될 거예요. 사전을 찾을 때는 어휘의 기본형(예, '야속한'의 기본형은 '야속하다')으로 찾는 게 좋아요.

○ 야속하다 : 정 없는 행동이 섭섭하게 여겨져 마음이 좋지 않다.

소설 속 주인공의 감정도 읽어주세요

《일수의 탄생》이라는 유은실 작가의 청소년 소설을 재미있게 읽은 기억이 나요. 탄생은 특별했지만 초등학생, 중학생, 고등학생 그리고 스물다섯 살이 될 때까지 무엇 하나 뚜렷하게 잘하는 것 없던 평범한 일수가 어느 날 초등학생 필체의 붓글씨를 써주면서 돈을 벌기 시작한 아주 특별하고도 기막힌 성장 소설인데요. 여러분도 기회가 된다면 읽어보세요. 초등학교 4학년 이상이라면 누구라도 쉽고 재미있게, 책을 싫어하는 친구도 부담 없이 두어 시간 만에 뚝딱 읽을 수 있답니다.

굵직한 사건들을 겪으며 성장하는 일수(일수 엄마, 친구 일석이도 좋아요)가 '나'라고 가정해 보세요. 내가 일수였다면 어떤 기분일지 감정 단어를 활용해 자세히 표현해 보세요. 그리고 그렇게 느낀 이유도 함께 적어보세요. 나의 감정을 잘 알고 섬세하게 표현할 줄 아는 사람은 타인의 감정 변화도 민감하게 알아차릴 수 있게 된답니다.

나와 일수의 처지를 역지사지(처지를 바꾸어 생각해 봄)하여 정리한 것에 줄거리를 요약해서 첨가하면 한 편의 근사한 독후감이 돼요. 어때요? 줄거리만 적고, 자신의 느낌이나 생각이 빠진 독후감은 이제부터라도 지양(더 높은 단계로 오르기 위하여 어떠한 것을 하지 아니함)해야겠죠? 현재 자신의 진로 때문에 고민인 친구 혹은 근래에 부쩍 자신감이 떨어져서 방황 중인 친구라면《일수의 탄생》이 작은 위안과 용기를 줄 수 있으리라 생각해요.

나의 쓸모는 나 스스로 결정하는 것이니 용기를 내봐요.

감정 단어는 공감 능력을 길러줘요

책은 글자와 정보(그림, 사진, 도표, 그래프 등)로 채워져 있어요. 그것을 읽고 무엇을 느끼는지, 어떤 의미가 있는지는 전부 읽는 사람의 몫이라고 할 수 있죠. 사람마다 경험치가 달라서 같은 책을 읽더라도 느낌이 모두 다르고, 처한 환경에 따라서도 반응은 제각각일 수 있으니까요.

혼자 읽는 것도 좋지만, 가족이나 친구들과 함께 같은 책을 읽고 생각을 나눠보는 것도 좋아요. 책을 매개로 내가 느끼는 감정이 타인이 느끼는 감정과 얼마나 큰 차이가 있는지 그 변화의 폭과 깊이를 함께 나누면 인물을 다면적으로 이해하게 돼요. 글쓴이가 주는 메시지를 무조건, 가볍게 수용하지 마세요. 글 속의 숨은 의미를 찾고, 내 경험에 비추어 생각하고, 이해하려고 노력하면 문해력도 향상되거든요.

오늘 나의 하루를 감정 단어로 표현해 보세요. 책 속의 주인공을 나라고 가정하고 주인공이 느꼈을 기분과 마음에도 이름 표를 붙여주세요. 꾸준히 실천하면 내 감정을 읽는 것도, 타인의 감정을 헤아리는 것도 어렵지 않아요.

인공지능 시대, 인간에게 꼭 필요한 공감 능력은 나와 상대의 감정과 마음을 헤아리는 과정을 통해 쑥쑥 자라날 거예요.

최근에 읽었던 책 속의 인물들이 느꼈을 법한 감정과 이유를 정리해 보세요.

도서명:

주인공:

인물을 통해 느낀 감정:

그렇게 느낀 이유:

2월

장점 단어로
자신감을 키워요

학기 초가 되면 학교에서는 직업흥미유형 검사나 다중지능 검사 등의 다양한 검사를 해요. 물론, 학교마다 차이가 있을 수 있고, 간이 검사로 간단하게 넘어가서 검사했는지 모를 수도 있고, 검사 결과가 기억나지 않는 친구들도 있을 수 있죠. 모두 괜찮아요. 학년이 올라가면 유사한 검사를 또 받을 테니까요.

학교에서 이렇게 다양한 검사를 하는 이유는 개인마다 다른 성격, 흥미, 적성 등을 파악해서 이를 바탕으로 학생에게 적합한 진로를 설정하는 데 도움이 되길 바라기 때문이에요. 일찌감치 특정한 직업을 염두에 둔 친구라면 필요한 지식과 기술, 자격증 등을 획득하는 데 유리한 정보가 될 수도 있겠죠. 또

원하는 대학 진학이 목표인 학생이라면 전공이나 학과를 결정하거나 학과 공부에 필요한 교과 수업을 선택할 때 혼란을 줄이고, 현명하게 준비하도록 인도할 수도 있겠죠. 그렇다고 해서 검사의 결과를 맹신하진 마세요. 그저 나를 좀 더 잘 파악하기 위한 참고사항 정도로 여겨야 해요.

나의 성격은 어떤가요?

'MZ 세대의 소통 코드'로도 불리는 성격유형 검사, 우리 친구들도 자신의 MBTI 유형을 알고 있나요? 한때 MBTI 광풍이 일었어요. 그러다 보니 이를 소재로 한 예능 프로그램과 다큐멘터리 프로그램을 TV에서 자주 볼 수 있었죠. 또 중·고등학교 교실에 가면 급우들의 MBTI 유형을 적어서 붙여놓은 것을 심심치 않게 발견할 수 있답니다.

'4개의 알파벳 조합으로 나의 성격을 대변하는 게 괜찮은 걸까?', '80억 명에 달하는 지구인의 성격을 단 16개의 코드로 분류하는 게 타당한가?'라는 의문이 꼬리에 꼬리를 물지만, 친구들 이름 옆에는 어김없이 16개의 코드 중 하나가 적혀 있죠. 나와 MBTI가 비슷한 친구와는 쉽게 친해질 수 있고, 전혀 다른 친구를 대할 때는 조심할 수 있어서 유용하다고 하는 학생

어휘력과 문해력을 쑥쑥 키우는 12단계

들도 많은데요. 검사 결과를 현명하게 받아들이고 활용할 줄 아는 여러분이 정말 대견해요.

우리는 흔히 "저 사람은 성격이 참 좋아" 혹은 "쟤는 성격이 나빠"라는 말을 아무렇지 않게 하죠. 하지만 성격에 좋고 나쁨은 없다고 생각해요. 어떤 상황이나 환경에서 조금 더 유리한 성격은 있을 수 있겠죠.

만약 내가 누군가와 갈등이 생겼다면 그건 나 혹은 상대의 성격이 나쁜 게 아니라 서로 성향이 맞지 않거나 다르기 때문일 거예요. 우리가 각자의 존재와 개성을 있는 그대로 존중하기 위해서는 타인에 대한 관심과 배려뿐만 아니라 나에 대한 이해가 충분해야 하죠. 그래서 나를 아는 게 무척이나 중요해요.

나의 이런 점은 참 별로예요

어느 중학교 1학년 교실에서 한 학생이 쉬는 시간에 제게 다가와 마음속 이야기를 꺼냈어요.

"선생님, 제가 너무 조용한 편이라 친구가 많지 않은 게 불만이에요."

그 친구의 눈을 지긋이 바라보며 물었죠.

"조용하다는 건 네가 신중한 성격이라 하고 싶은 말이 있어도 참는 경우가 많아서 그렇게 느껴지는 것 아닐까? 넌 친구가 많으면 좋겠니?"

"아니요. 친구는 많지 않아도 괜찮아요."

그렇게 대답하는 친구의 얼굴이 눈에 띄게 환해졌어요. 평소 마음에 들지 않았던 자신의 성격을 관점을 살짝 바꿔 장점으로 이야기해 주니 듣고 안심이 되었나 봐요.

비관적인 생각이 들 때, 자존감이 떨어질 때 관점을 달리해서 '나'에 대한 생각을 바꿔보세요. 여러분 중에는 지금 사춘기의 터널을 힘겹게 지나고 있는 친구도 있을 거예요. 사춘기는 한마디로 자신감이 마구 샘솟다가도 어느 순간 내가 너무 한심하게 느껴지는 등 감정이 롤러코스터를 타듯 오르락내리락하죠. 별것 아닌 걸 보고 까르르 웃고, 또 어떨 때는 별것 아닌 말에 불같이 화를 내기도 합니다. 이유 없이 눈물이 나기도 하고, 자신도 모르게 충동적인 행동을 하기도 하고요. 사춘기면 누구나 겪을 수 있는 지극히 자연스러운 현상이에요.

사춘기, 피할 수 없다면 슬기롭게 잘 지내야겠죠?

시험을 앞두고 유난히 긴장해서 밤잠을 설치는 친구들이 많아요. 예민해진 신경 때문에 혓바늘이 돋고, 긴장성 두통이나 복통에 시달리기도 합니다. 시험이 주는 부담감과 스트레스가 그만큼 크단 이야기겠죠?

어휘력과 문해력을 쑥쑥 키우는 12단계

어른이라고 크게 다르진 않아요. 저 같은 경우는 이럴 때 관점을 바꿔 생각해 보고 나 자신에게 말을 겁니다.

"너 정말 시험 잘 보고 싶구나? 긴장되고 떨린다는 건 공부한 것을 유감없이 실력 발휘하고 싶은 마음 때문일 거야. 열심히 공부했으니 너무 긴장하지 않아도 돼. 너를 믿어봐."

내가 나에게 주는 이런 말 한마디가 큰 힘이 되어서 어느새 불안이 사라지고 침착해져요. 부정적인 마음이 긍정으로 바뀌고 자신감이 차오르죠.

말 한마디는 이렇게 힘이 세답니다.

○ 나는 이런 내 성격이 참 별로야. → 관점을 바꿔 표현해 보세요.

○ 예) 나는 왜 끈기가 없고, 쉽게 싫증을 낼까? → 나는 다양한 것에 대한 관심과 호기심이 많아서 그래.

1.

2.

3.

학습 멘토링을 하면서 학생들이 자신에 대한 부정적인 관점

을 바꿀 수 있도록 노력했어요. 그랬더니 자신에 대한 긍정적인 자아상을 만들어 가더군요. '할 수 없다'고 단정 짓던 생각이 '한번 해보는 것도 나쁘지 않겠다'는 생각의 변화로 이어졌죠. 마음에 들지 않는 자신의 성격도 관점을 바꾸면 장점으로 전환되면서 자신감이 생겨요.

'끈기가 부족하고 싫증을 잘 내는' 자신의 성격이 불만이던 한 학생도 조언에 따라 관점을 바꾸더니 확 달라졌어요. '다양한 것에 대한 관심과 호기심이 많은 자신'에 초점을 맞춘 거죠. 다양한 것에 호기심이 많다는 건 어떤 의미인지 조금 더 깊이 이야기를 나눈 후 그 친구는 '배우고 싶고, 만나고 싶고, 하고 싶은 것이 많다'는 의미임을 깨닫게 된 것이죠.

그는 호기심과 관심이 가는 것들을 목록으로 만들고 당장 실천할 수 있는 것, 시간이 걸리는 것을 구분해서 실행해 보겠다고 저랑 약속했답니다. 너무 멋지지 않나요?

나를 너무 부정적인 시선으로 보지 마세요. 이왕이면 긍정의 안경을 쓰고, 나의 좋은 점을 바라보려고 노력하세요. 관점이 달라지면 자신이 단점이라고 생각하는 부분이 가장 큰 장점으로 바뀌는 기적이 일어나기도 한답니다.

관점을 바꾸기가 어렵다고요? 아래의 표를 참고해 자신의 장점이 될 만한 어휘들을 찾아보세요.

활동적인, 예의 바른, 정확한, 유머 감각이 있는, 융통성이 있는, 독립심이 강한, 대담한, 모험심이 강한, 개성이 뚜렷한, 상냥한, 부지런한, 의욕적인, 논리적인, 기민한, 꼼꼼한, 예술적인, 절제 있는, 관대한, 겸손한, 조직적인, 꾸밈없는, 침착한, 낙천적인, 신중한, 주의 깊은, 사교적인, 자신감 있는, 인내심 있는, 양심적인, 합리적인, 사리에 맞는, 성실한, 분별력 있는, 독창적인, 책임감 강한, 호기심 강한, 눈치 빠른, 민주적인, 진지한, 믿음직한, 붙임성 있는, 느긋한, 자발적인, 감수성이 풍부한, 안정된, 공정한, 편견이 없는, 동정심 많은, 결단력 있는, 재치 있는, 솔직한, 강인한 등

정확한 뜻을 모르는 단어가 나오면 찾아서 메모를 하는 게 좋아요. 단어를 검색할 때는 반드시 용례도 함께 찾아보세요.

예)

○ 기민하다 : 눈치가 빠르고 동작이 날쌔다.

○ 나는 어떤 상황에도 기민하게 대처할 수 있는 유연함을 갖춘 사람이다.

어휘력과 문해력을 쑥쑥 키우는 12단계

나에게 이런 장점이 있대요

초등학생 때 제가 가장 좋아했던 과목은 음악이었어요. 오선지 위의 음표들이 어떤 것은 꼬리가 있고, 어떤 것은 없는 게 신기했죠. 악보의 계이름을 따라 멜로디언의 하얀 건반을 차례로 누르면 수업 시간에 배운 동요가 흘러나왔어요. 입으로 바람을 불어 넣느라 얼굴이 발개져도 계속 연습했답니다. 나중에는 부모님을 조르고 졸라 마침내 피아노를 갖게 되었는데요. 오른손으로 똑같은 노래를 수백 번 반복하자 악보를 보지 않고도 손이 저절로 움직였어요.

그다음에는 왼손을 연습하기 시작했어요. 왼손은 서툴러서 한 달이 넘도록 도미솔, 도파라, 솔시레 화음 넣는 연습만 했죠. 그렇게 해서 노래 한 곡을 멋지게 연주할 수 있게 되자 저의 유일한 특기는 '피아노 연주'가 되었어요. 그 특기 덕분에 음악 시간이면 선생님을 대신해 오르간 반주를 하기도 했죠.

그런데 어느 날 저보다 훨씬 피아노를 잘 치는 친구가 나타났어요. 피아노 학원을 3년 넘게 다녔다는 친구의 연주는 제가 듣기에도 아름답고 멋졌어요. 사장조, 가장조의 노래도 머뭇거리지 않고 매끄럽게 연주했거든요. 다장조 곡만 겨우 칠 수 있었던 제 실력이 순간 하찮게 느껴졌죠. 독학으로 깨우친 피아노 연주는 이제 더 이상 제 특기가 아니었어요.

'강점'은 남보다 우세하거나 뛰어난 점을 뜻해요. 반대말은 '약점'으로, 모자라서 남보다 뒤떨어지는 것을 의미하죠. '강점'과 '약점'이라는 단어에는 언제나 비교 대상이 따라와요. 내가 속한 무리의 특성이나 능력에 따라 내가 강점이라고 생각했던 것이 한순간 남들도 다 가진 평범한 것이 되어버리죠.

취미와 특기를 적어서 제출해야 하는 학년 초가 되면 곤혹스러워하는 친구들이 많아요. 여가 시간에 주로 하는 활동이나 즐기는 수준 정도인 취미를 적는 건 어렵지 않은데, 특기를 적을 때는 하나같이 고민에 빠지죠. 어떤 분야에 특출난 재능이 있거나 남보다 빼어나게 잘해야만 특기라고 생각하는 탓에 너도나도 한참 동안 고민합니다. 초등학교 저학년 때는 남들보다 큐브를 조금 빨리 맞추는 것도 특기가 되었고, 바이올린으로 노래 몇 곡만 연주할 줄 알아도 특기란에 '바이올린 연주'라고 당당하게 적어넣었는데 말이죠.

'강점'과 '약점' 비슷한 말로 '장점'과 '단점'이 있어요. '장점'은 좋거나 잘하거나 긍정적인 점, '단점'은 모자라거나 부족한 점을 말해요. 그런데 이것들은 남과의 비교를 통해서가 아니라 자기 스스로를 어떻게 바라보느냐의 문제예요.

단점이 없는 사람은 없어요. 오히려 자신의 단점을 알았다는 것은 자신을 제대로 인식하기 시작했다는 의미이기도 하므

어휘력과 문해력을 쑥쑥 키우는 12단계

로 스스로를 칭찬할 일입니다. 단점에 지나치게 집중하면 장점이 가려져 버려요. 그러니 지금부터라도 내가 좋아하고, 관심 있고, 잘하는 것에 먼저 초점을 맞춰 보세요.

우선 나의 장점을 찾아 적어보세요. 대단한 게 아니어도 괜찮아요. 춤을 몇 번 보지 않고도 잘 따라 추며 그것으로 스트레스를 푸는 게 장점이 될 수도 있고, 옷을 멋스럽게 입고 다리가 길어 보이게 사진을 잘 찍어서 친구들에게 인기가 많은 것도 장점이 될 수 있어요. 장점을 찾기가 어려운 친구들은 평소 나에 대해 잘 알고 있는 가족이나 가까운 친구들에게 이렇게 질문해 보세요.

"저의 장점은 무엇이라고 생각하세요?"

다섯 명에게만 들어도 나도 모르는 나의 장점을 알 수 있지 않을까요?

예) 우리 딸은 이야기를 맛깔나게 잘하지.(엄마)

1.

2.

3.

4.

5.

다른 사람들이 얘기해준 나의 장점에서 혹시 공통점을 찾았나요? 그중에 가장 마음에 드는 장점이 있었나요? 그 이유는 무엇일까요? 혹시 남들과 비교해서 우위를 점하는 게 아니라, 여러분의 존재 자체가 강점이라는 생각이 들지는 않나요?

2월은 새롭게 시작하는 학년을 앞두고 마음이 분주합니다. 곧 새로 만나는 친구들 앞에서 자기소개도 해야 하고, 학교에서 나눠주는 용지에 특기나 장점 등도 써내야 하고요. 뭔가 준비를 해야 하는데 무엇을 해야 할지 몰라 혼란스럽죠. 하지만 관점을 달리하면 자신을 차분하게 관찰하고, 돌아볼 수 있는 좋은 시간이기도 해요.

자신을 긍정적으로 바라보세요. 단점보다는 장점에 집중해주세요. 나의 장점을 잘 찾아내는 사람이 타인의 장점도 잘 알아본다는 사실을 잊지 마세요.

3월

초성 게임으로
새 단어를
발견해요

다음은 어느 6학년 학생의 일기 중 일부예요.

개학을 했다. 오늘은 정든 5학년 4반 교실이 아니라 6학년 7반으로 향했다. 교실에 들어서니 의외로 낯익은 얼굴들이 보였다. 새로운 반에 대한 정보가 없었으니 놀라움도 두 배였다. 남자 선생님 담임은 처음이라 기대가 되기도 하고 불안하기도 했다. 그런데 놀랍게도 자기소개를 하지 않았다. 작년에는 어떻게 자기소개를 해야 할지 고민하느라 꽤나 애를 먹었는데, 이번엔 자기소개를 안 해도 돼서 좋았다.

긴장감과 기대감이 뒤섞인 새 학년 새 학기, 3월은 변화가 많고 활기가 넘쳐요. 바뀐 학년, 새로운 교실에서 낯선 선생님과 친구들은 서로를 호기심 어린 눈으로 바라보며 탐색하기 바쁘고요. 알림장 내용은 빼곡하고, 챙겨야 할 가정통신문도 어마어마하죠. 중학생이라면 시간마다 바뀌는 각 과목 선생님들의 얼굴과 특징을 파악하기에도 정신없을 거예요.

내 이름의 초성은?

〈1박 2일〉이라는 TV 프로그램은 시즌을 거듭하며 시청자들의 사랑을 받는 장수 프로그램 중 하나예요. 전국의 명소를 여행하며 지역의 특산물과 음식도 소개하고, 예능 프로그램답게 다양한 게임으로 먹는 순서와 잠자리를 결정하기도 하죠. 참신하고 기발한 게임으로 출연진을 당황하게 해서 보는 재미 또한 쏠쏠합니다.

그중 유독 기억에 남는 게임이 '공포의 쿵쿵따'라 불리는 '끝말잇기'와 '초성 게임'이었어요. 다양한 어휘를 많이 알고 있는 사람일수록 유리했죠.

친구들 혹은 가족과 함께 끝말잇기를 해본 경험, 다들 한 번쯤은 있을 거예요. 앞에 나온 단어와 중복을 피하려면 상대의

어휘력과 문해력을 쑥쑥 키우는 12단계

단어를 신경 써서 듣고 기억까지 해야 하니 기억력 훈련에도 효과 만점입니다. 몰랐던 단어를 새롭게 알게 되는 건 말할 것도 없고요. 두 글자 단어로만 끝말잇기를 하는 방법도 있고, 세 글자 단어 중 가운데 글자로 끝말잇기를 하기도 하죠.

이번에는 여러분과 함께 초성 게임을 해볼 거예요. 자신의 이름 두 글자에서 각각의 초성을 따오세요. 제 이름을 예로 들면, '민혜'의 ㅁ(미음)과 ㅎ(히읗)이 되겠죠? 지금부터 ㅁ, ㅎ을 초성에 둔 두 글자 단어를 생각나는 대로, 최대한 많이 적어보는 거예요. 준비됐나요? 시간은 1분입니다. 시작!

무한, 모험, 모호, 만화, 명함, 명화, 문화, 마흔, 미혼, 매화…

어때요? 생각보다 1분이란 시간이 짧죠? 시간을 제한하고 연관된 단어를 적어보면 나의 어휘력이 어느 정도인지 가늠할 수 있어요. 길거리의 간판 초성도 좋고, 책 제목에서 따온 초성도 좋아요. 예전에 '칙촉'이라는 과자 상자에 ㅊ, ㅊ 초성이 적혀 있어서 가족과 돌아가며 초성 게임을 했던 기억이 있는데요. 겹치지 않는 단어가 생각보다 많아서 깜짝 놀랐어요.

처음 들어보거나 정확한 뜻을 모르는 단어가 나오면 그 단어를 말한 사람에게 뜻을 설명해보라고 하세요. 게임을 통해 새로운 단어를 접하게 되는 신기한 경험을 하게 될 거예요. 물론, 초성 게임은 혼자서도 얼마든지 가능해요.

새롭게 알게 된 단어가 있다면

1분 동안 떠오르는 초성 단어를 적어보면, 여러분도 경험했겠지만, 내가 아는 단어만 적을 확률이 높아요. 지금부터는 초성 게임으로 어휘를 확장하는 방법을 공유할게요. N 포털 국어사전에 여러분의 이름 초성을 넣어보세요.(와! 제 이름의 초성으로 검색하니 481개의 단어가 나옵니다.) 그렇게 나온 단어 중에서 오늘 기억해야 할 단어 5개를 찾아 정리해 보세요.

용례도 함께 읽어보면 단어를 어떤 상황에서, 어떻게 활용할지 감이 생길 거예요.

○ 미혹 : 무엇에 홀려 정신을 차리지 못함.

○ 모함 : 나쁜 꾀로 남을 어려운 처지에 빠지게 함, 항공기나
　　　　잠수함 따위의 이동기지 역할을 하는 군함.

○ 목하 : 바로 지금.

- 문호 : 뛰어난 문학작품을 많이 써서 알려진 사람, 외부와 교류하기 위한 통로나 수단을 비유적으로 이르는 말.
- 몽환 : 허황된 생각, 세상의 모든 사물이 덧없음을 비유적으로 이르는 말.
- 미학 : 자연이나 인생 및 예술 따위에 담긴 미의 본질과 구조를 해명하는 학문.
- 모해 : 꾀를 써서 남을 해침.
- 문하 : 가르침을 받는 스승의 아래.
- 만학 : 나이가 들어 뒤늦게 공부함.
- 만혼 : 나이가 들어 늦게 결혼함.

인상적인 자기소개를 할 수 있어요

여러분도 한 번쯤 들어보거나 읽어봤을 《톰 소여의 모험》의 저자 마크 트웨인은 "꼭 맞는 단어와 적당히 맞는 단어의 차이는 번갯불과 반딧불의 차이이다."라는 말을 했어요. 정말 멋진 표현이라 생각하는데요. 꼭 맞는 어휘를 찾아서 적절하게 사용할 수 있느냐 없느냐가 문장의 밝기를 결정한다는 뜻이죠. 이처럼 내가 말하고자 하는 내용, 전하려는 메시지를 또

렷하게 전달하기 위해 꼭 필요한 게 바로 어휘력이에요.

우리가 한 초성 게임을 통해 몰랐던 어휘를 새롭게 알게 되었다면 그 어휘와 익숙해지는 과정이 필요해요. 새롭게 알게 된 어휘를 '자기화'의 과정을 거쳐 나의 지식 창고로 옮겨야 하죠. 그러려면 어휘를 활용해 말을 하거나 문장을 만들어보는 게 중요해요.

> "**만학**이 즐거워 배움을 지속하고, **무한** 능력치를 갖고 싶어 **마흔**부터 다시 공부하기 시작한, **목하** 집필 중인 박민혜입니다."

제 이름 초성으로 검색해서 나온 단어 4개를 넣어서 나를 소개하는 글을 만들어봤는데, 어떤가요?

이번에는 여러분 차례입니다. 자신의 이름 초성으로 시작하는 단어를 넣어서 자기소개 문구를 작성해 보세요. 회장 선거에 나가는 친구라면 공약을 만들 때도 이 방법을 활용해 보면 좋겠네요.

일석이조 효과라니까요!

이름 초성으로 새로운 단어를 찾아보고, 뜻도 알게 되니 어떤가요, 유익했나요? 평범한 자기소개도 무난하고 나쁘지 않지만, 1년간 함께 지낼 선생님과 친구들에게 나를 좀 특별하게 소개하면 두고두고 기억에 남지 않을까요?

초성 게임은 쉬는 시간에 친구들과 함께해도 좋아요. 담임 선생님 이름으로, 친구들 이름으로 초성 게임을 하면 이름도 금세 외울 수 있고, 교실 분위기도 좋아질 테니 이런 걸 두고 '일석이조(一石二鳥)'* 효과라고 하는 거 맞죠?

내향형의 친구도 걱정하지 마세요. 혼자서도 얼마든지 초성 게임이 가능하다고 했잖아요. 매일 초성을 바꿔가며 오늘 기억해야 하는 단어 5개 찾기, 찾은 단어로 문장 만들기를 하다 보면 어휘력이 쑥쑥 상승할 거예요.

* 일석이조(一石二鳥): 돌 한 개를 던져 새 두 마리를 잡는다는 뜻으로 동시에 두 가지 이득을 볼 때 사용되는 표현입니다. 비슷한 뜻의 사자성어로는 일거양득(一擧兩得)과 일전쌍조(一箭雙鵰)가 있습니다. 일상에서 자주 사용되는 '일타쌍피'는 《표준국어대사전》에는 없는 표현이니 참고하세요.

4월

교과서 읽기로
학문 어휘와
친해져요

　그동안 어휘력이 다소 부족했어도 다른 사람에게 나의 기분
이나 장점, 성격 등을 소개하는 일이 어렵게 느껴지지 않았을
수도 있어요. 관심 없는 척 참여를 거부하거나 대화를 거절해
도 되는 사춘기가 좋은 핑계가 되었을 테니까요. 어휘력은 눈
에 보이지 않아서 내가 특별히 불편하거나 어려움을 겪지 않
으면 크게 와닿지는 않죠.

　개학한 지도 어느덧 한 달이 넘었네요. 담임 선생님과 상담
도 했을 테고, 학업과 진로에 대한 스트레스도 조금씩 생기기
시작했을 텐데… 여러분, 괜찮은가요?

문해력 저하 현상은 기우가 아니에요

OECD(국제협력개발기구)는 회원국의 교육 수준을 평가하기 위해 나라별로 15세 학생들을 대상으로 읽기, 수학, 과학 영역의 시험을 3년에 한 번씩 치러요. PISA(Program for International Student Assessment)라고 불리는 이 국제학업성취도평가에서 2009년 우리나라 학생들의 읽기 영역 순위는 2~4위였다고 하네요. 나쁘지 않죠?

PISA 테스트에서 읽기 영역은 학생들의 논리적인 추론 능력, 비판적 사고 능력, 정보 분석 능력 등을 측정한다고 해요. 글 전체의 내용을 이해하고 글의 요지를 파악하는 문항, 글 속의 단어나 구절이 어떤 의미인지를 묻는 문맥 파악 문항, 글에서 필요한 정보를 찾아내는 정보 검색과 관련한 문항, 글의 내용을 분석하고 주장의 타당성 등을 판단하는 비판적 사고 문항, 글의 내용을 바탕으로 문제를 해결하거나 결론을 도출하는 논리적 추론 문항 등으로 구성되어 있죠.

그런데 2009년 상위권이던 PISA의 결과가 2018년에는 6~11위로 하락했대요. 한국교육과정평가원에 따르면 '정보 찾기' 항목에서는 2015년보다 정답률이 상승했지만 '이해하기' 항목에서는 하락 폭이 눈에 띄게 컸다고 하네요. 특히, 상대적으로 쉬운 수준의 독해 기능이 크게 하락했다는데요. 읽

어휘력과 문해력을 쑥쑥 키우는 12단계

기 평균 점수가 2009년 539점에서 2018년 514점으로 25점이나 떨어졌다니 우려의 목소리가 나올 수밖에 없죠.

주목할 점은 성취 수준이 낮은 하위 학생들의 비중도 함께 증가했다는 사실이에요. 2009년 5.8%에서 2018년에는 15.1%로 3배 가까이나 증가했거든요.

읽기 영역은 과거와 달리 다양하게 확장되고 있는데 의미를 파악하기가 쉽지 않으니 학부모님과 학교 선생님들은 수심이 가득합니다. 3년 전 EBS 프로그램 〈미래 교육 플러스〉에서도 문해력과 관련된 방송이 방영된 적이 있어요. 우리나라 학생들이 글자를 읽고 쓰는 기본 문맹률은 1%밖에 안 되지만, 문장을 읽고도 이해하고 해석하지 못하는 실질 문맹률은 75%에 달한다는 내용이 소개되었죠. 75%가 어떻게 나왔는지는 확실치 않지만, PISA 테스트의 결과를 놓고 보더라도 문해력 저하 현상을 기우라고 치부하기에는 어딘가 석연치 않아요.

문해력은 어휘력과 연결돼요

문장을 읽고도 이해하지 못하는 큰 이유 중 하나는 어휘력 부족 때문이에요. 초등 5학년 사회 교과서에는 '대륙', '주권',

'행정', '간척' 등 들어본 적은 있지만 정확한 뜻을 알지 못하는 어휘들이 등장해요. 모르는 어휘가 많으니 뜻을 몰라서 공부가 어렵다고 느끼는 친구들도 점점 많아지죠.

비단 사회 과목에만 국한된 얘기가 아니라 과학, 역사, 국어, 수학, 영어 등 모든 과목이 마찬가지예요. 학년이 올라갈수록 어휘력 부족에서 오는 학습의 어려움으로 공부에 저항감이 들고, 세상에서 가장 하기 싫은 일이 공부가 되어버리는 거죠.

드라마 〈스물다섯, 스물하나〉의 주인공 나희도는 펜싱을 하는 고등학교 2학년 학생인데요. 드라마 속 주인공들이 나누는 대화를 한번 살펴볼까요?

> ○ 백이진 : 근데 진짜 신기하다. 나, 너 생각하고 있었는데….
>
> ○ 나희도 : 나를? 왜?
>
> 신문을 펼쳤는데 'PC 통신에 중독된 청소년들, 맞춤법 파괴 심각'이라는 제목의 기사가 보입니다.('PC 통신'이라는 용어가 낯설다면 검색해 보세요. 드라마의 시대 배경을 단어 하나로 알아낼 수도 있으니까요.)

○ 백이진 : ('건드리지 마시오'를 잘못 쓴 나희도를 놀리듯)

　건. 들. 이. 지. 마. 시. 오.

○ 나희도 : 나 먼저 간다.

○ 백이진 : 같은 방향인데 낮 뜨겁게 뭘 따로 가. 우리 관계

　에….

○ 나희도 : 우리가 무슨 관곈데?

○ 백이진 : 무슨 관계긴, 채무 관계지.

○ 나희도 : 그게 뭔데?

○ 백이진 : 너 나한테 2천 원 갚을 거 남았잖아. 그게 채무

　야. 알겠어? 아이스크림 사줘. 덥다.

　나희도가 운동만 열심히 한 친구라서 '채무'라는 단어를 모
르는 것 아니냐고요? 생각보다 이런 친구들이 적지 않아요.

　몇 년 전, 고등학생들을 대상으로 특강할 때였어요. 대학 입
시를 위한 자기소개서 쓰기의 밑작업으로 인쇄물을 나눠주고,
친구들의 강점을 찾아 동그라미 표시를 해보라고 했죠. 그때
한 친구가 손을 번쩍 들더니 "선생님, 기민한 게 뭐예요?"하고
묻더군요. 그러자 옆의 친구가 바로 "사리가 밝다는 게 뭐예
요?"라고 질문하더라고요. 청소년의 어휘력 부족을 눈앞에서
절감한 순간이었죠.

교과서를 사물함에 두고 다니죠?

일상에서 자주 접하고 사용하는 기본 어휘와 공통 어휘만으로 글을 읽고, 이해하는 게 쉽지 않을 때가 있어요. 특히, 학습에 있어서는 더욱 그렇죠. 그래서 희귀 어휘를 꾸준히 배우고 익혀야 한다고 한 거예요. '희귀 어휘'를 다른 말로는 '학문 어휘'라고도 부르는데, 기본적인 학문 어휘를 가장 많이 담고 있는 책은 아마도 교과서가 아닐까 싶어요.

여러분은 교과서와 친한가요?

학습과 관련한 강의 중에 중학생들에게 물었어요.

"시험공부 할 때 교과서를 정독한 적이 있나요?"

손을 드는 친구가 한 반에서 1/3을 넘지 않았어요. 대부분이 교과서 대신 참고서나 문제집, 학원에서 주는 자료로 공부하고 있다고 했죠. 저는 여기서 물음표가 생겼습니다.

'교과서의 내용을 모르는데 참고서의 정리가 이해된다고?'

교육과정이 바뀌면 가장 먼저 교과서가 교체돼요. 교과서가 변경되면 참고서와 문제집의 내용도 따라서 수정됩니다. 교육과정을 충실히 반영하고 있는 교과서가 모든 학습 도서의 기본이 되기 때문이죠.

너무나도 당연한 이야기를 이렇게 하는 이유는 기본이 되는

교과서를 많은 학생이 외면하고 있어서예요. 교과서는 교과 과정에 맞춰 해당 학년에서 배워야 하는 내용과 범위를 고려해 비교적 이해하기 쉬운 어휘로 집필된 책이에요. 교과서라고 해서 결점이 없는 건 아니지만, 수업의 기본이 되는 교과서를 이해하지 못하면서 수업 내용을 소화하기란 불가능하죠.

방송인 유병재 씨, 여러분도 잘 아시죠? 연간 독서량을 '6권 미만'이라고 체크한 그의 이력서가 인터넷상에서 화제가 된 적이 있었어요. 그럼에도 그가 명문대학을 나온 방송작가라고 해서 조금 의아했는데, 나중에 그가 쓴 책을 읽으면서 이유를 알게 되었죠. 그는 책 대신 교과서를 여러 번에 걸쳐 정독했다고 하더라고요.

문해력을 키우기 위해 읽어야 하는 책으로 무엇이 좋을까 고민하는 친구가 있다면 저는 단연 교과서부터 읽어보길 강권합니다. 모든 교과서는 첫 장에 책의 구성과 목차를 소개하여 학습의 흐름과 방법을 예측할 수 있게 했습니다. 우선 교과서를 펼치고, 굵고 큰 글씨를 훑어 읽으세요. 여러분의 호기심을 자극하기 위해 삽입된 그림이나 사진을 보면서 앞으로 배울 내용을 예상해 보는 것만으로도 훌륭한 예습이 될 수 있으니까요.

또 수업 시간에 선생님이 설명하는 부분이 교과서 어느 부

어휘력과 문해력을 쑥쑥 키우는 12단계

분에, 어떤 식으로 적혀 있는지 찾아보고 정독하세요. 한 번으로 이해되지 않으면 여러 번 읽어보세요. 교과서는 학문 어휘의 보고입니다. 모르는 어휘를 표시하고, 그 뜻을 반드시 찾아보세요. 학습목표('~할 수 있다'. '~말할 수 있다', '~설명할 수 있다' 등으로 표현되기도 해요.)의 답을 찾아 밑줄을 그어보세요. 정리와 암기는 그다음에 해도 늦지 않습니다.

참고서나 선생님이 나눠주신 인쇄물도 교과서를 정독한 뒤 보면 거의 완벽하게 이해될 거예요.

교과서로 공부하는 과정은 글을 효과적으로 읽는 다섯 단계와 흡사해요. 첫 번째, '투입(input)' 단계에서는 글의 전체 내용을 한꺼번에 파악하기 위해 훑어보고, 두 번째 '처리(processing)' 단계에서는 필요한 내용만 집중해서 읽는 정독 또는 통독을 거쳐요. 그다음엔 읽은 내용을 자신의 지식과 경험에 대입해서 기억하는 '부호화(coding)'와 새롭게 얻은 지식을 어떻게 활용할지 고민하고 실행에 옮기는 '계획(planning)'과 '산출(output)'의 단계를 거치죠. 이처럼 교과서를 읽고 공부하는 과정이 글을 효과적으로 읽는 다섯 단계를 훈련하는 셈이니 교과서는 꼭 읽어야 해요.

교과서의 중요성을 이렇게 강조하지만, 학생들은 보통 교과서를 사물함에 두고 다녀요. 교과서를 읽고 수업 시간에 활용하는 것만으로도 다양한 지식과 어휘를 쌓고 효과적인 읽기를 훈련할 수 있는데 참으로 안타까워요.

내일 당장 자신이 가장 좋아하는 과목의 교과서 한 권을 사물함에서 꺼내세요. 체육이나 미술 교과서도 괜찮아요.

시작이 반이에요!

학습도구어를 익혀두세요

남학생들은 대체로 체육 시간을 가장 좋아해요. 혹시 여러분 중에 체육 교과서를 펼쳐본 친구가 있나요? 체육 수업은 대부분 운동장에서 이루어지니 교과서는 있지만 읽어볼 기회는 많지 않았을 거예요. 특별히 체육 교과서를 예로 든 이유는 첫째, 여러분이 쉽다고 느낄 것 같아서, 둘째, 체육 교과서는 학교 사물함이 아니라 여러분의 방 책꽂이에 꽂혀 있을 것 같아서예요. 만약, 그렇다면 당장 교과서를 찾아 펼쳐보세요.

1단원 '건강', 대단원이 커다랗고 굵은 글씨로 적혀 있네요. 그 밑에는 "건강의 가치를 이해하고, 건강과 체력을 증진하며, 건강 관리를 지속해서 실천한다."라는 학습목표가 있고요. 이어서 "1. 건강과 체력 평가", "2. 건강과 체력 관리", "3. 여가와 운동 처방", 이렇게 세 개의 중단원이 주요 학습 내용으로 소개되어 있네요. 출판사별로 교과서의 내용이나 목차는 차이가 있겠지만 여기서 말하고 싶은 것은 어휘예요.

'건강'이라는 단어를 모르는 친구는 없죠? 그럼 '이해', '관리', '지속', '실천'이라는 단어는 어떤가요?

인하대학교 국어교육과 신명선 교수님과 ㈜낱말이 공동으로 발표한 〈학습도구어〉에는 '이해', '관리', '지속', '실천' 같은 단어들이 포함되어 있는데요. 중학교 3학년 국어, 사회, 과학 교과서에 등장하는 어휘들을 분석해 교과서를 읽고 이해하는 데 꼭 알아야 하는 형태나 의미가 유사한 어휘들을 추린 게 바로 '학습도구어'예요.

단어들의 미세한 차이를 구별하고, 맥락에 맞게 사용하라는 목적으로 만들어진 '학습도구어'는 EBS 〈당신의 문해력〉이라는 프로그램에서 처음 등장했어요. 일상에서 사용하는 어휘들과 구별되고, 교과서를 포함한 학술적인 책을 읽고 이해하는 데 도움이 되는 2,440개의 어휘를 목록화한 것이죠.

어휘들은 난도가 1부터 7까지로 나뉘는데, 중학생이라면 난도 4 이하의 어휘 뜻과 용례는 정확하게 알고 자유롭게 활용할 수 있어야 해요.

고등학교 입시를 앞둔 중학교 3학년 학생으로부터 자신이 가고 싶은 심리학과는 과학이 아닌데 왜 사회과학 계열에 속하냐는 질문을 받았던 적이 있어요. 여러분은 그 이유를 알고 있나요?

'과학'의 뜻을 사전에서 찾아보면 "보편적인 진리나 법칙의 발견을 목적으로 한 체계적인 지식을 말하며, 넓은 뜻으로는 지식의 체계를, 좁은 뜻으로는 자연과학을 가리킨다."라고 되어 있어요. 심리학과, 사회학과, 정치외교학과, 사회복지학과, 행정학과, 문헌정보학과 등을 묶어 '사회과학' 계열로 분류한 건 넓은 의미의 지식 체계, 즉 학문을 의미하는 것이죠.

> 호랑이의 줄무늬, 표범의 점무늬처럼 동물은 저마다의 무늬를 가지고 있다. 1952년 영국의 수학자 튜링은 반응-확산 모델과 이에 대한 방정식을 만들어 동물의 무늬 생성 이유를 과학적으로 설명했다.

위 지문은 2022학년도 한 대학교 자연계열 논술전형 제시문의 일부예요. 지문에서 "과학적으로 설명했다."는 말은 정확히 어떤 의미일까요? 사전을 검색하면 '과학적'은 "과학의 바탕에서 본 정확성이나 타당성이 있는 것"이라고 설명하고 있어요. 다시 말해 과학 지식을 바탕으로 타당성 있게 설명했다는 뜻이죠. '과학'과 '과학적'은 비슷한 것 같지만 뜻과 활용에서는 이렇듯 큰 차이가 있어요.

'비교'와 '대조' 역시 아무 때나 마음대로 사용해선 안 됩니다. 공통점이나 비슷한 점을 견주어 설명할 때는 '비교하다'라고 하고, 서로 다른 것을 견주어 설명할 때는 '대조하다'라고 해야 맞거든요.

쓰임을 잘 모르는 어휘는 용례를 찾아보고, 뜻과 의미를 정확히 모르는 어휘는 즉시 뜻을 찾아보고 정리하는 습관을 들여야 해요. 위에서 예로 든 모든 단어는 학습도구어에 포함된 어휘들이에요. 꼭 확인해보길 바라요.

자신이 무엇을 알고 무엇을 모르는지 아는 능력을 가리켜 '메타인지(Meta-cognition)'라고 불러요. 자신의 학습 과정을 한 차원 높은 곳에서 관찰하는 능력이라고 할까요? 그런데 많은 학생들의 경우 어휘만큼은 자신이 모른다는 사실조차 모르는 상태로 교과서의 내용을 모두 이해했다고 착각하고 있어요. 한번 자신을 점검해 보세요. 우리의 메타인지가 어휘력에도 제대로 기능할 수 있도록 말이죠.

5월

한자를 알아야
뜻을 확실히
알 수 있어요

5월의 달력은 다채로워요. '근로자의 날'을 시작으로 '어린이날', '어버이날', '스승의 날', '성년의 날', '부부의 날' 등 기념일이 참 많기 때문이죠. 이 많은 기념일 중에서 여러분은 고유어와 한자어를 구분할 수 있나요?

'어린이', '어버이', '스승'은 고유어이고, '근로자(勤勞者)', '성년(成年)', '부부(夫婦)'는 한자어예요. 한자어를 고유어로 바꾸려는 시도와 움직임은 계속되고 있지만 오랜 세월 한자 문화권 안에서 생활하다 보니 우리가 고유어라고 여겨왔던 어휘들, 예를 들어 '하필(何必)', '미안(未安)', '무려(無慮)', '평소(平素)', '솔직(率直)', '안녕(安寧)', '양말(洋襪)', '포도(葡萄)', '귤(橘)' 등 헤아릴 수 없이 많은 단어를 우리는 한자어인지도 모른 채 쓰고 있죠. 우리말에서 한자어가 65% 이상을 차지한다고 하니 어쩌면 한자어를 사용하지 않고는 대화가 불가능할지도 몰라요.

교과서의 개념어에도 한자어가 많은데요. 상황이 이렇다 보니 한자를 많이 알면 개념에 대한 이해도 쉬워지고, 단어의 숨은 의미도 쉽게 파악할 수 있어요. 청소년의 학업 부담과 사교육 증가를 우려, 한자 교육을 강제하지 않는 것으로 방향을 틀었습니다만, 한때 교육부에서는 교과서에 한자 병기(竝記 : 함께 나란히 적음)를 두고 찬반이 나뉘어 팽팽하게 대립했어요.

같은 한자를 다르게 읽고,
다르게 해석한다고요?

다음 괄호 안 표현 중 맞는 것은 무엇일까요?

'코로나로 면회는 (일체, 일절) 금지합니다.'
'이 음식점은 온갖 종류의 음식 (일체를, 일절을) 갖추었다.'

한자 '一切'은(는) '일체'로도 읽고 '일절'로도 읽는데요. 한자 '切'을(를) '체'로 읽으면 '모두'라는 뜻이고, '절'로 읽으면 '끊는다'라는 뜻이에요. 그러니 위 예에서 첫 번째 문장은 '아주, 결코, 절대로'를 의미하므로 '일절'이 맞는 표현이고, 두 번째는 '온갖 것', '모든 것'을 뜻하므로 '일체'가 맞는 표현이죠.

최근 심각한 문해력 저하 현상을 말할 때 단어의 뜻을 몰라서 잘못 해석한 것이 SNS를 타고 빠르게 번져서 종종 기삿거리가 되고 있어요. 대표적으로 '심심한 사과' 같은 게 그 예로, '사과하려면 똑바로 하라'는 반응부터 '지루하고 재미없는 사과'라고 오해한 사람들까지 단어 하나가 주는 혼란이 아주 커 소통을 방해할 지경인데요. 소리는 같은데 뜻이 전혀 다른 경우, 여기서는 '심심'이란 단어가 그렇죠.

'심심(甚深)'은 '정도에 지나칠 만큼 깊다'를 뜻하는 말로 '심심한 사과'는 '매우 깊이 간절한 마음으로 사과한다'는 의미예요. 결국 무지에서 나온 오해인 것이죠.

'세수 부족, 세수 위기'라는 뉴스의 헤드라인을 읽고, '세수를 안 하는 건가?' 아니면 '세수를 안 하면 위기인 건가?'라고 생각한 친구들이 있나요? 이 문장에서 '세수(稅收)'는 손과 얼굴을 씻는 '세수(洗手)'와 소리는 같지만 뜻은 전혀 달라요. 여기서 '세수(稅收)'는 국민에게서 세금을 거둬들여 얻는 정부의

어휘력과 문해력을 쑥쑥 키우는 12단계

수입을 의미해요. 이렇게 소리는 같은데 뜻이 전혀 다른 말을 가리켜 '동음이의어'라고 하죠.

그런 예들을 여러분이 직접 찾아서 적어 볼까요?

가격, 무력, 수리, 용기, 장인, 인사, 수도, 시장, 외상, 화법 등

글의 맥락과 해석에 따라
쓰임이 다르다고요?

고등학교 시절, 모의고사 문제 중 하나를 지금도 기억해요. 논어에 나오는 "어진 자는 산을 좋아하고, 지혜로운 자는 물을 좋아한다."는 글귀에서 '산을 좋아하고, 물을 좋아한다.'는 뜻의 사자성어 '樂山樂水'를 바르게 읽어보라는 문제였죠. 제가 지금까지 이 문제를 기억하는 이유는 뭘까요? 내가 맞았다고 생각했는데 가차없이 틀렸기 때문이죠. 당시에는 우선 창피했고, 그다음에는 분한 마음이 들었어요. 그래서 한자 '樂'을 찾아보게 되었어요.

한자 '樂'은 다양한 뜻과 음을 갖고 있었어요.

어휘력과 문해력을 쑥쑥 키우는 12단계

첫 번째는 '악'이라고 읽으며 '노래'라는 뜻이 있어서 '악보', '악기', '악장', '음악', '음악대' 등의 단어에 '樂'이 들어갑니다.

두 번째, '즐긴다', '즐겁다'의 뜻으로 '락' 또는 '낙'으로 읽죠. '낙천적', '낙관론', '위락', '희로애락' 등에 '樂'이 들어가요.

세 번째는 '좋아하다'는 뜻의 '요'로 읽을 수도 있어요. 제가 틀렸던 樂山樂水는 '요산요수'라고 읽어야 맞는 것이었죠. 이 것을 "어진 자는 산을 즐기고, 지혜로운 자는 물을 즐긴다"고 잘못 해석해 '낙산락수'로 적는 바람에 틀렸던 거예요.

부끄러운 기억이 글의 소재가 되기도 하는 걸 보면 그 어떤 실수나 실패도 무용한 것은 없는 것 같네요.

한자 게임이 어휘력을 확 늘려줘요

우리 가족은 나란히 거실에 누워 한자 한 개를 가지고 연관 된 단어를 찾아내는 놀이를 자주 하는데요. 방법은 간단해요. 한자 '花(꽃 화)'가 들어간 단어를 돌아가면서 하나씩 말하는 거예요. 예를 들어, '화단(花壇)', '화초(花草)', '화분(花盆)', '국 화(菊花)', '매화(梅花)', '화전(花煎)', '개화(開花)'… 그러다가 누 군가 '화법(話法)'이라고 하면 '인디언밥' 벌칙을 받죠. '화'라 는 글자가 들어가 있더라도 음(소리)만 같을 뿐 '꽃'이라는 의미(뜻)가 아니면 틀린다는 걸 자연스럽게 터득하기 위한 게임이었어요. '국화(菊花)'는 가을에 피는 꽃의 종류이기도 하지만 나라를 상징하는 꽃을 의미하는 '국화(國花)'도 있답니다. 두 단어는 분명 음(소리)은 같은데 의미가 다르므로 한자도 달라야 해요.

'花(꽃 화)'가 들어간 두 글자 단어 찾기 게임이 좀 싱겁다면 이번에는 세 글자 혹은 네 글자 이상의 게임으로 넘어가 보세요. '해어화(解語花)'는 '말을 알아듣는 꽃'이라는 뜻으로 미인을 가리킬 때 사용하는 단어랍니다. 한효주, 유연석 배우가 출연했던 영화 제목으로도 유명하죠. 좋은 일에 좋은 일이 겹쳐서 일어날 때 쓰이는 '금상첨화(錦上添花)', 봄이 되어 온갖 꽃이 사방에 흐드러지게 피어날 때는 '백화만발(百花滿發)'이라는 사자성어도 자주 쓰이죠.

사자성어의 경우 한자를 그대로 해석하기도 하지만 속뜻을 풀어서 함께 기억하는 것이 활용하기에 더 유익해요. 유래와 교훈을 함께 알아두면 나중에 역사를 공부하는 데도 크게 도움이 된답니다.

그러고 보니 BTS의 세 번째 미니앨범 〈화양연화(花樣年華)〉에도 '花'가 들어가네요. 사자성어는 아니지만 오래전 개봉했던 홍콩영화의 제목이기도 하죠. 또 어릴 때 읽었던 전래동화 〈장화홍련전(薔花紅蓮傳)〉도 있네요. 한자 한 개를 가지고 시작한 간단한 어휘 게임인데 꽤 재미있고 유익하죠?

　평소 드라마나 영화를 볼 때, 책을 읽을 때, 신문이나 뉴스를 볼 때 한자가 병기되어 있다면 유심히 보고 어휘의 뜻을 유추해 보세요. 혹시 '내로남불'을 사자성어로 알고 있는 사람이 있나요? 아리송하거나 모르겠으면 당장 인터넷을 검색해 보거나 사전을 찾아보세요.

부수를 활용하면 찾기 쉬워요

　'옥편'이라는 단어를 들어본 적이 있나요? 부수나 획수에 따라 한자를 찾아볼 수 있게 만든 일종의 한자 사전입니다. 예전 초등학교, 중학교 졸업식장에서 학생들에게 주는 대표적인 선물 중 하나가 사전이었답니다. 물론, 지금은 인터넷 검색으로 편하게 한자와 단어를 검색할 수 있게 되면서 사전은 거의 유물이 되어버렸지만요. 하여간 졸업식 때마다 받은 무거운 사전을 들고 집에 오는 길이 얼마나 힘들었던지….

　제 기억이 맞다면 옥편을 펼쳤을 때 한자를 찾는 길잡이 역할을 하는 '부수'를 정리해 놓은 표가 제일 앞 장에 붙어 있었어요. 모든 한자는 부수가 있으므로 옥편의 첫 장과 마지막 장은 언제나 부수 차지였죠.

예를 들어, '크다'라는 의미를 가진 '大(대)'는 '天(하늘 천)'이나 '失(잃을 실)', 그 밖의 많은 한자의 부수인데요. 부수를 알고 관련된 한자의 의미를 연결 지으면 한자를 암기하는 데 도움이 돼요. '하늘은 높고 크니까 천상계(天上界)', '큰 걸 잃으면 실패(失敗)'처럼 부수의 뜻을 단어와 연결해 외우면 기억하기도 쉽고, 응용도 어렵지 않죠.

하나 더 예를 들어볼까요? 앞에서 언급한 '花(꽃 화)'의 부수는 '艸(풀 초)'예요. 이상하죠? '天(하늘 천)'이라는 한자에는 부수 '大(큰 대)'가 바로 보였는데, '艸(풀 초)'는 '花(꽃 화)'에서 찾을 수 없으니까요. '艸(풀 초)'가 부수로 쓰이면 글자의 위에 붙어 형태가 '艹'로 바뀌기 때문입니다. 그리고 '花(꽃 화)'나 '苦(쓸 고)'처럼 '艸(풀 초)' 부수가 있으면 '이 한자들은 식물(풀)과 관련이 있겠구나.' 예상할 수 있죠.

한자를 많이 알면 알수록 동일한 한자가 들어간 다른 단어의 뜻을 가늠하거나 유추할 수 있어요. 이는 국어를 비롯한 사회, 수학, 과학, 역사 등의 교과 공부에도 큰 도움이 될 거예요.

영어 단어를 외울 때는 또 어떻고요! 초급 영어 단어를 외울 때는 단어의 뜻이 어렵지 않았는데 중급으로 넘어가면서 단어의 한글 뜻을 잘 몰라 무작정 외웠던 경험, 여러분도 있을 거

어휘력과 문해력을 쑥쑥 키우는 12단계

예요.

예를 들어볼까요? 'approve'는 '찬성하다', '승인하다', '인가하다' 등 여러 개의 뜻이 있어요. '찬성하다'는 자주 사용하니까 알겠는데 '승인하다', '인가하다'는 정확한 뜻을 모른 채 외웠던 경험 있죠? '승인'이나 '인가'는 모두 한자어예요. '승인(承認)'은 어떤 사실을 받아들인다는 뜻이고, '인가(認可)'는 인정하여 허가한다는 의미죠. 두 단어 모두 같은 한자 '認(알 인)'이 들어 있는 것으로 보아 비슷한 의미임을 짐작할 수 있어요. 한자를 알면 어휘력이 자란다는 말, 빈말이 아니죠?

한자를 외워서 쓸 줄 아는 수준까지는 아니어도 괜찮아요. 뜻과 음만 알아도 단어를 활용하거나 의미 유추가 훨씬 쉬워지니까 한자를 보면서 뜻과 음을 낭독하는 것만으로도 분명 효과가 있을 거예요.

스마트폰으로 검색하면 한자를 학습할 수 있는 관련 애플리케이션이 많으니 활용해 봐도 좋겠습니다. 부수, 획수, 획순, 관련 단어 등을 게임처럼 학습할 뿐만 아니라 외운 것을 확인할 수 있으니 스마트폰을 '스마트하게(똑똑하게)' 활용하는 것도 여러분의 몫으로 남겨 둘게요. 지금은 '아는 것이 힘'이 아니라 '하는 것이 힘'인 시대니까요.

6월

표준어 사용으로
품격을 높여요

6월. 친구들과 한 교실에서 지낸 지도 3개월이 넘었네요. 친한 친구들끼리 두세 명 혹은 무리 지어 가서 급식을 먹고, 집 방향이 같은 친구와는 함께 하교하며 많은 대화를 나누겠죠? 간혹 길에서 여러분 또래 친구들의 대화가 들릴 때가 있어요. 그런데 보통 절반은 욕, 절반은 알아들을 수 없는 줄임말을 사용해서 그런지 통 이해가 되지 않더라고요.

'썩소'라는 단어, 오래전에 나온 말인데 이제는 자리를 잡아서 청소년뿐만 아니라 어른들도 흔하게 사용해요. 밥상머리 대화도 예외가 아니라서 은어와 줄인 표현이 마치 반찬처럼 식탁 위에 올라오죠. 그럴 때 저는 듣기 불편하다고 무조건 못

어휘력과 문해력을 쑥쑥 키우는 12단계

쓰게 하기보다는 아이에게 무슨 뜻인지 물어요. '꼰대(늙은이를 가리키는 은어)' 소리는 듣고 싶지 않기 때문이죠.

소통의 단절을 바라는 건 아니죠?

드라마 〈일타 스캔들〉을 재미있게 보던 중 주인공의 대사에서 낯선 어휘가 감지되었어요.

"이번 시험 어려웠지? 울지 마. 다 '스불재'야."

막 궁금해서 찾아보려던 찰나, TV 화면 좌측 아래에 작은 글씨로 '스불재 : 스스로 불러온 재앙'이라는 설명이 뜨더군요. 그제야 '아, 줄임말이었구나!' 알았죠. 그뿐만 아니라 학생들끼리 나누는 대화, 학부모들이 카페에서 나누는 대화에서는 '6모'니 '킹정'이니 하는 말이 자연스럽게 쓰이고 있었어요. 평소 궁금한 건 바로 검색해 보는 습관이 있어서 모르는 말이 나올 때마다 바로 찾아 확인했죠.

그런데 10대 청소년들은 정작 자신들이 쓰는 말들이 무슨 뜻인지, 어떤 표현의 줄임말인지 모른 채 사용하는 경우가 많더라고요. 단어가 주는 느낌 혹은 단어를 사용할 당시의 분위기 같은 것으로 눈치껏 이해하면서 반복적으로 단어를 사용하고 있는 거죠. 사회 변화에 따라 단어가 새롭게 생겨나는 게

한편으로는 자연스럽고 바람직하다는 생각도 들지만, 자칫 세대 간 불통으로 이어지지 않을까 염려되는 것도 사실이에요.

국어사전에는 없는 단어입니다

저는 식사 중의 대화에서 들었던 신조어, 줄임말, 은어들을 민감하게 알아채고 기억했다가 그 단어의 뜻을 유추하는 놀이를 가족들과 자주 즐겨요. 무슨 말을 줄인 표현인지, 어떤 상황에서 쓰이는지 등 주로 막내가 문제를 내고 식구들이 알아맞히는데요. 유튜브를 끼고 사는 중학생 딸이 아는 단어를 두 살 위 고등학생 딸이 모를 때가 많더라고요. 그러면 막내는 이런 것도 모르냐며 무시하는 눈빛을 보내죠.

'썩소', 국어사전에는 없는 단어죠. 어디 그뿐인가요? '부캐', '다꾸', '불멍', '핑프'… 요즘의 신조어들은 국어사전에서는 결코 찾을 수 없어요. 문제를 낸 막내도 정확한 뜻을 알지 못해 포털사이트의 오픈 사전을 찾아볼 때가 있죠.

어떻게 만들어졌는지 알 수 없는 단어들이 유튜브나 SNS를 타고 빠르게 번지고 있어요. 어떤 것은 게임 용어에서 유래했다고 하고, 어떤 것은 성적 희롱을 담고 있기도 하죠. 네 음절의 단어를 두 음절로 줄여 사용하는 것은 예삿일인 데다 영어와 한글을 절묘하게 섞고 그것을 줄여서 사용하는 통에 뜻을 짐작조차 하기 어려울 때가 많아요.

영어를 섞어 쓰고, 전문용어를 남발하면서 유식을 자랑하는 것도 눈살을 찌푸리게 하지만, 뭐든지 짧게 줄여서 말하고, 출처 불명의 어휘를 쓰면서 그것을 문제로 인식하지 못하는 친구들 또한 안타까워 보여요.

표준어로 바꿔보는 건 어때요?

'썩소'는 '썩은 미소'의 줄임말, '부캐'는 '부계정 캐릭터'의 줄임말, '다꾸'는 '다이어리 꾸미기'의 줄임말, '불멍'은 '불을 보며 멍하게 있는'이라는 뜻의 줄임말… 적고 보니 줄임말이 참 많네요. '썩소'는 웃는 것을 어떻게 표현하고 싶어서 생긴 단어일까요? 표정으로 지어보라면 쉬운데 말로 표현하려니 막히네요.

'썩소'에도 다양한 종류의 미소가 있지 않을까요? 한쪽 입꼬리만 올라가게 웃으면 '비웃음'이란 단어가 될 것이고, 어이가 없어서 마지못해 짓는 웃음이면 '쓴웃음'이 될 거예요. 코끝

어휘력과 문해력을 쑥쑥 키우는 12단계

으로 가볍게 소리를 내며 비난의 느낌을 실어 웃으면 '코웃음', 어처구니가 없어서 나도 모르게 훅 튀어나오는 웃음은 '실소'라고 바꿔볼 수 있겠네요. 비웃음, 쓴웃음, 코웃음, 실소 같은 단어는 모두 국어사전에서 검색이 가능한 어휘들입니다. '썩소'를 대신해 표준어로 바꿔 사용해 보는 건 어떨까요?

'핑프'는 '핑거 프린스' 또는 '핑거 프린세스'의 줄임말이라죠? 궁금해서 그 뜻을 검색해 보니, 간단한 정보도 스스로 조사하거나 찾지 않고 주변 사람들에게 무작정 물어보거나 인터넷에 질문을 올려서 댓글로 정보를 얻는 사람들을 가리켜 '핑프'라고 부른다고 하더라고요. 가족끼리 '핑프'에 대한 논쟁으로 저녁 식사 시간이 길어진 적도 있었답니다. 모르는 것을 물어보는 것이 문제가 되느냐는 의견과 간단한 정보 정도는 직접 찾아봐야 하지 않느냐는 의견이 팽팽하게 대립했는데요. '핑프'를 바라보는 시각 차이 때문이었죠.

팽팽한 대립은 쉽게 좁혀지지 않았지만, 우리 가족은 머리를 맞대고 그들을 일컫는 말로 적당한 다른 표현을 찾기 시작했어요. '무임승차자', 영어로는 '프리라이더'로 수렴되었죠. 무임승차자는 편익은 누리면서 그에 대한 대가는 다른 사람에게 지우는 사람들, 편익은 누리면서도 아무런 노력이나 참여하지 않는 사람들을 가리키는 말이에요. 의미가 조금 확대된

경향은 있지만, '핑프'를 '무임승차자'로 바꾸었더니 가족 모두의 의견이 일치했어요.

줄임말, 신조어, 은어,
비속어 등의 의미는…

네온비 작가의 《양아치의 스피치》라는 흥미로운 제목의 만화에는 남자 주인공이 첫눈에 반한 여학생에게 사귀자고 고백하는 장면이 있어요. 여학생은 "일주일 안에 네가 밈, 유행어, 신조어, 비문 없이 15분 이상 나랑 대화할 수 있다면 사귈게."라고 대꾸하죠.

여러분이 이 책의 주인공이라면 과연 이성 친구에게서 긍정의 대답을 들을 수 있을까요?

T.P.O.는 시간(time), 장소(place), 상황(occasion)에 어울리는 옷을 입으라는 일종의 패션 마케팅 전략 중 하나예요. 그런데 옷만 그럴까요? 멀끔하게 차려입었지만 입을 열자마자 함께 있는 게 부끄러워 자리를 뜨고 싶게 만드는 사람이라면? 말 한마디에 빛나는 외모가 가려지는 사람이라면?

옷은 벗으면 그만이지만 말은 한 번 뱉으면 누군가의 기억에서 사라지기 전까지 평생 따라다녀요. 때로는 말 한마디에 내 이미지가 결정되기도 하죠.

때와 장소에 어울려야 하는 건 옷뿐만이 아니에요. 언어도 마찬가지죠. 선생님이 수업 중에 줄임말을 지나치게 사용한 다거나, 외교관이 중요한 자리에서 비속어를 사용한다면 어떨까요?

한번은 아이들과 공감하는 대화를 해보겠다고 요즘 청소년 들이 많이 쓰는 '개이득'이라는 말을 한 적이 있어요. 그러자 아이들이 제 입을 얼른 막으며 소리치더군요.

"엄마는 쓰지 마. 창피해!"

저마다 품격을 지키는 방법은 다양하지만 사용하는 어휘와 말만 바꿔도 여러분의 품격이 올라갈 거예요. 이제부터 자신 이 하는 말의 무게를 생각하고 시간과 장소와 상황에 맞는 어 휘를 선택해 보세요.

7월

알쏭달쏭
날짜 단어와
단위 단어를
익혀요

시험과 방학이 공존하는 시기, 7월입니다. 시험 결과와는 별개로 여름방학이 무척 기다려지죠? 그동안 참았던 게 많은 만큼 방학에는 하고 싶은 것도 많을 것 같아요. 늦잠도 실컷 자고 싶고, 드라마 몰아보기도 해보고 싶겠죠? 극장에 가서 영화도 보고 싶고, 콘서트나 놀이공원도 가고 싶을 겁니다. 운동이나 취미생활도 이제 마음껏 해야겠다고 다짐하는 친구도 있을 테고요.

그래도 방학 전까지는 학교 수업에 충실해야겠죠? 수행평가는 늘 시험 전에 쏟아지잖아요.

어휘력과 문해력을 쑥쑥 키우는 12단계

어휘력이 좋으면 소통 능력이 좋아져요

수업이 끝날 무렵 선생님께서 "수행평가는 사흘 안에 제출하세요. 하루가 지날 때마다 2점씩 감점됩니다." 말씀하시고는 사라지셨어요. 그럼, 수행평가 제출까지 나에게는 며칠의 시간이 있는 걸까요? 혹시 '사흘'을 '4일'로 알고 있다면 2점이 날아갈 텐데 큰일이군요.

'사흘'이 오래된 문학 작품이나 속담 같은 것에만 주로 쓰이는 단어 아니냐고요? 그렇지 않습니다. '하루', '이틀', '사흘', '나흘', '닷새', '엿새', '이레', '여드레', '아흐레', '열흘', '스무날', '그믐' 등은 모두 날을 세는 고유어(순우리말)로 지금도 자주 사용되는 단어들입니다. 그리고 어휘력 저하 현상을 우려하는 기사에서 가장 자주 등장하는 예가 바로 '사흘'이죠. 한 유명 래퍼의 노래에도 '하루 이틀 삼일 사흘, 일주일이 지나가'라는 가사 때문에 문해력 논란이 있었고, SBS의 한 예능 프로그램 자막에도 사흘을 4일로 썼다가 3일로 뒤늦게 고친 사실이 알려져 논란이 되었습니다. 4일을 가리키는 '나흘'이라는 단어를 알았다면 '사흘'을 '4일'로 잘못 표기하는 일은 없었을 텐데……

그뿐만 아니라 '금일 휴업'이라고 적어놓은 식당 안내문을 보고 '금일'을 '오늘'이 아닌 '금요일'로 오해한 탓에 식당 사

장님과 싸움이 벌어졌다는 기사를 읽은 적도 있어요. 아무리 한자에 익숙하지 않은 세대라고 해도 기본적인 어휘, 일상에서 자주 사용되는 어휘는 알고 있어야 소통이 가능하지 않을까요? 불통은 자칫 갈등을 야기할 수 있으니까 말이죠.

KBS의 〈우리말 겨루기〉라는 프로그램 아세요? 2003년부터 지금껏 이어져 온 장수 프로그램이니 여러분도 시청한 적이 있을지도 모르겠네요. 우리 가족은 볼 때마다 정답이 하나로 모이지 않아 늘 소란스럽습니다. 아이스크림을 걸고 정답을 맞히는 게임을 할 때가 있는데, 나중에 왜 틀렸을까 생각해 보니 잘못 알고 있는 상태로 자꾸 사용하다가 그게 입에 배고 굳어져서 맞는 표현으로 착각한 거였죠.

아래는 시청자 퀴즈로 나왔던 문제입니다. '글피'를 처음 들어본다던 중학생 딸아이 때문에 1차 충격을 받았고, 답이 두 개로 갈려서 2차 충격을 받았던 문제였죠.

여러분도 함께 맞혀볼까요?

'글피는 모레의 다음 날이 맞을까요, 다다음 날이 맞을까요?'

오늘을 중심으로 '어제'는 하루 전, '내일'은 다음 날이죠. 그럼 어제의 하루 전과 이틀 전을 나타내는 단어는 무엇일까요? '그저께(그제)'와 '그끄저께'입니다. 오늘로부터 사흘 전을 '그끄저께'라고 하는 것이죠. 내일의 다음 날은 뭐라고 할까요? 맞아요. '모레'입니다. 모레의 다음 날은 '글피'고요. 여러분 중에도 '글피'를 처음 듣는 친구가 있겠죠? 우리 가족의 답이 달랐던 이유는 '내일모레'를 글피로 잘못 알고 있었기 때문입니다. '내일모레'는 '모레'와 동의어인데 그걸 몰랐던 거죠. 평소 말하기 습관이 무서운 이유 중 하나입니다.

그끄저께, 그저께(그제), 어제, 오늘, 내일, 모레(내일모레), 글피. 일주일을 이렇게도 표현할 수 있겠네요. 일부러 외우려고 애쓰지 말고, 평소에 자주 사용하면 돼요. 잘못 알고 자꾸 사용하다 보면 틀린 표현이 맞는 표현으로 둔갑하는 일이 생길 수 있으니 내가 사용하는 어휘가 맞는 표현인지 자주 확인하는 것도 필요하겠죠?

어휘력과 문해력을 쑥쑥 키우는 12단계

어휘력이 좋으면 공부도 쉬워져요

다음의 문장은 옳은 표현일까요?

코로나와 감기는 증상이 비슷해서 혼돈하기 쉽습니다.
영화 시작 후에는 예매 취소가 불가피하니 이점 양해 바랍니다.

이 문장을 읽고 무엇이 잘못되었는지 찾지 못했다면 여러분의 어휘력은 황색경보 수준입니다. 실제 중학교 3학년 어휘력 진단 평가 출제 문장으로, 두 문장 모두 틀린 어휘가 포함되어 있기 때문이죠.

첫 번째 문장의 '코로나와 감기의 증상이 비슷해서 구별하기 어렵다'는 의미로는 '혼동'을 써야 맞는 표현이에요. '혼돈'은 마구 뒤섞여 있어 두서없는 상태를 말하는 것으로 '혼동'과 구별해서 사용해야 합니다.

두 번째 문장은 영화가 시작된 후에는 취소할 수 없다는 의미로 '불가'를 써야 옳은 표현이에요. 가능하지 않다는 것을 뜻하는 '불가'와 피할 수 없다는 뜻을 지닌 '불가피'를 혼동해 사용하면 전혀 반대의 의미가 돼버리죠. 그 뜻을 알고 구별해 사용해야 해요.

특히나 여러분이 하는 공부는 대부분이 내용을 이해해야 하는 공부예요. 물론 수학과 과학에서 추론, 계산, 증명의 학습이 있긴 하지만, 이 또한 최초의 개념은 모두 해당 과목의 어휘를 공부하는 것에서부터 시작하죠.

인하대학교 신명선 교수 연구팀의 조사 결과에 따르면 중학교 3학년 학생의 경우 조력자의 도움 없이 교과서를 읽지 못하는 친구들이 전체의 91%나 된다고 합니다. 교과서가 개념과 용어 중심이라서 어휘력이 부족하면 교과서를 읽고 이해하는 것 자체가 무척 어렵게 느껴지는 것이죠.

단락별로 요지를 파악하고, 무엇을 이해했고 무엇은 모르는지 점검하지 않은 채 넘어가는 일이 반복되고 쌓이다 보면 공부가 더욱 어렵게 느껴질 뿐만 아니라 공부에 대한 자신감도 잃게 돼요.

중학교 재학생 이상은 체감하겠지만, 학년이 올라갈수록 배운 것을 바탕으로 나의 생각과 주장을 글로 적어서 제출하는 수행평가가 많아집니다. 자기 생각을 간결하고 유창하게 풀어 쓰기 위해서라도 어휘력은 꼭 갖춰야 하는 능력인 거죠.

문해력은 입시를 위한 시험에도 핵심적인 역할을 해요. 하지만 직접적으로 도움이 된다는 인식이 부족하다 보니 그 중

어휘력과 문해력을 쑥쑥 키우는 12단계

요성을 뒤늦게 깨닫게 되는데요. 실제 수능 국어 영역에서는 어휘력을 측정하는 문제가 늘 서너 개씩 출제됩니다. 지문 중 글자 하나에 밑줄을 그어놓고 보기와 같은 의미로 쓰인 것을 고르는 문제 유형이 대표적이죠. 같은 글자라 하더라도 문장 속에서 단어가 뜻하는 의미는 다양하므로 그중 어떤 의미로 쓰였는지를 묻는 식이에요.

공부가 어렵게 느껴진다면 여러분의 어휘력부터 점검해 보길 바랍니다. 많은 개념이 담겨 있는 교과서의 어휘들을 모두 기억해야 교과서를 읽고 이해할 수 있고, 수업 내용을 소화할 수 있으니까요. 거듭 강조하지만, 어휘가 풍부하면 읽기가 쉬워지고, 읽기가 쉬워지면 읽기의 양이 증가하여 나의 배경지식과 상식이 늘어나게 되고, 새로운 것을 배울 때 기존의 내 지식과 연결하는 회로가 점점 많아지게 돼요.

공부가 쉬워지는 방법 중 하나가 어휘력이라니, 지금까지 우리는 방향을 잃고 너무 엄한 데 힘을 쏟았던 건 아닌가요?

어휘력이 좋으면
콘텐츠를 읽는 힘이 생겨요

현기영의 소설 《순이 삼촌》에는 "한날한시에 이 집 저 집에서 터져 나오던 곡성 소리, 음력 섣달 열여드렛날"이라는 표현이 나옵니다.

해방 이후 제주 4.3사건이 배경인 이 소설에서 자주 등장하는 '섣달 열여드렛날'은 상징적이고 중요한 날입니다. 북촌 주민의 대학살 사건이 있었던 날이기 때문이죠. 소설 속에는 매해 그날이 되면 동네 전체가 제사를 지내는 장면이 자세히 묘사되어 있습니다. '여드레'가 8일인 걸 앞에서 알았으니 '열여드레'는 18일을 의미한다는 걸 유추할 수 있었을 거예요. 그럼 '섣달'은 몇 월을 뜻하는 걸까요?

우리나라는 음력을 기준으로 설과 추석을 쇠고 있어요. 음력 정월 초하루는 음력 1월 1일을 뜻하는 말로 설날을 의미하죠. 1일부터 10일까지, 즉 한 달을 세 등분하여 앞쪽에 해당하는 초순의 날짜를 칭할 때는 '초하루', '초이틀', '초사흘' 이런 식으로 불렀답니다. 날짜뿐만 아니라 1월은 '정월', 11월은 '동짓달', 12월은 '섣달'이라고 해서 소설이나 시 등의 문학 작품에서는 지금도 여전히 많이 찾아볼 수 있어요.

어휘력과 문해력을 쑥쑥 키우는 12단계

음력에 대한 개념이 약한 친구라면 소설 속 '음력 섣달 열여드렛날'은 한참을 헤아려야 하는 표현일지도 몰라요. 하지만 그날이 양력 1월 하순쯤이라는 걸 알게 되면 소설을 이해하는데 큰 도움이 됩니다. 이유도 모른 채 죽고 죽이는 살육의 현장을 피해 동굴 속으로 숨어들어야 했던 도민들은 추위와 싸워야 했을 테고, 음식을 찾아 마을로 내려왔어도 먹을 것 찾기가 어려웠을 거예요.

시간의 배경을 이해하면 소설 속 급박한 장면들이 더욱 생생히 그려집니다. 어휘를 많이 알면 이렇게 장면을 떠올리며 읽는 능력, 상상하며 읽는 능력도 같이 길러져요.

인간의 수명이 길어져서 '100세 시대'니 '130세 시대'니 하는 말이 나오는 요즘, 오래 살았다고 해서 축하의 의미로 벌이던 잔치가 점차 드물어지고 있어요. 하지만 불과 30~40년 전만 해도 회갑 잔치나 고희연을 크게 벌이곤 했습니다.

회갑은 만 60세를 가리키는 나이고, 고희는 70세를 의미하죠. 나이를 숫자 대신 단어로 표현하는 예는 많습니다. 30살은 '이립(而立)', 40살은 '불혹(不惑)', 50살은 '지천명(知天命)', 60살은 '이순(耳順)'이라고 표현하니 알아두면 좋겠죠?

문학 작품을 읽다 보면 나이를 숫자 대신 단어로 표현하는 경우를 자주 만납니다. "22세 약관의 나이로 즉위하여 치리(나라나 지역을 도맡아 다스림)하는 동안 아버지 태종이 4년간 상왕으로 생존하며 어려운 일에 영향력을 행사하였다."는 문장에서 떠오르는 인물은 세종대왕입니다. 원래 약관은 스무 살을 가리키는 단어이나 여기서는 젊은 나이를 뜻하는 어휘로 대신 쓰인 거예요. 15살을 일컫는 어휘로는 '지학(志學)'이 있습니다. 학문에 뜻을 둔다는 뜻이죠. 이 책을 읽는 10대 여러분은 학문에 뜻을 두고 열심히 공부하고 있나요?

"구슬이 서 말이라도 꿰어야 보배"는 초등 저학년 친구들에게도 친숙한 속담입니다. '아무리 좋은 것을 많이 갖고 있다고 해도 그것을 쓸모 있게 만들어야 가치가 있다'는 속뜻을 가진 이 속담에서 '서 말'은 정확히 무슨 뜻일까요? 여기서 '서'는 숫자 '3'을 의미합니다. 숫자가 나왔으니 뒤에 따라오는 '말'은 단위를 이르는 단어라는 걸 추측할 수 있겠죠?

'말'은 부피를 세는 단위예요. 주로 곡식이나 가루, 액체 같은 것의 부피를 잴 때 사용했는데, 지금도 지역 오일장에 가면 어른 손바닥 크기만 한 나무 상자에 콩을 쌓아두고 '한 되'라고 적어놓은 것을 볼 수 있답니다. '한 되'는 지금으로 치면 1.8리터쯤 된다고 해요. 이 나무 상자 10개가 '한 말'로, '서 말'이라면 나무 상자 30개에 해당하는 양이니 '구슬이 서 말이라도'는 '구슬을 많이 갖고 있어도'로 해석해도 무리가 없을 듯합니다.

어휘력과 문해력을 쑥쑥 키우는 12단계

영화 〈미나리〉로 아카데미 여우조연상을 받은 배우 윤여정 씨가 출연한 〈파친코〉, 여러분은 웹드라마로 알고 있죠? 실은 같은 제목의 영문 소설이 먼저 출간된 이민진의 이 소설을 각색해서 만든 8부작 드라마랍니다. 애플 TV에서 제작한 탓에 먼저 영어로 대본을 작성하고 한국어로 번역한 후 여러 번의 확인 작업을 거쳐서 한글 대본이 나왔다고 해요.

드라마에는 일본으로 떠나보낼 딸 선자에게 마지막으로 따뜻한 밥을 해먹이기 위해 선자의 어머니가 쌀을 사러 가는 장면이 나옵니다. 거기서 "마이도 필요 없고 두 홉이면 됩니더."라는 대사가 나와요. '열 홉'이 '한 되'니까 '두 홉'은 엄청나게 적은 분량의 쌀인 것이죠. 그런데 영어 대본에는 그냥 'bowl'이라고 적혀 있었대요. 그걸 번역가 황석희 씨가 '홉'이라는 단어를 사용해 보자고 의견을 냈다고 하네요. 의견을 뒷받침할 근거를 찾기 위해 실제로 일제 식민지 시대에 사용되었던 어휘인지 고증을 거쳤고, '세 홉'으로 밥을 지었을 때 두세 명이 먹을 수 있는 분량인지도 확인했다고 합니다. 언어를 다루는 사람들의 치밀함과 섬세함을 엿볼 수 있는 대목이죠.

일상의 모든 게 어휘사전이에요

언어철학자 비트겐슈타인은 "내 언어의 한계가 곧 내 세계의 한계다(The limits of my language are the limits of my worlds)."라는 유명한 말을 남겼어요.

수업 중 선생님의 말씀, 교과서, 친구들과 주고받는 대화, 소설을 비롯한 여러 문학 작품, TV 교양 프로그램, 영화, 드라마 같은 미디어 콘텐츠에서 접하는 글이나 말 중에서 그동안 모르는 어휘를 찾을 수 없었다면 그건 여러분의 일상이 단조롭거나 배움에 능동적이지 않아서일 가능성이 큽니다.

《나는 나를 파괴할 권리가 있다》《작별인사》등 수많은 베스트셀러를 보유한 소설가 김영하 씨는 지금도 여전히 모르는 말이나 새로운 단어를 만나면 그때그때 작은 수첩에 꼭 메모를 한답니다.

적절한 표현을 찾기 위해 끊임없이 노력하는 작가의 마음으로 우리도 자신만의 어휘를 늘려가 보면 어떨까요? 특히나 문학, 비문학 작품을 읽고 의미를 해석하고 문장과 구조를 파악해야 하는 수험생 여러분이라면 작품의 이해도를 높이고, 비문(非文, 문법에 맞지 않는 문장)을 가려내는 데 꼭 필요한 능력이 어휘력이니까요.

일부러 억지로 하려면 힘들 거예요. 사소한 것부터 궁금한 것을 하나씩 알아간다는 마음으로 가볍게, 먼저 여러분의 음력 생일부터 챙겨보세요.

소설을 읽을 때, 영화를 볼 때 모르는 단어가 나오면 찾아 메모하세요. 길거리를 지나다닐 때 작은 안내문도 주의깊게 봐주세요. 가족들, 친구들과 주고받는 대화에서 새롭게 알게 된 단어를 사용해 보려고 노력하세요. 지금부터라도 일상의 어휘들을 허투루 넘기지 말고 모르면 바로 찾아봅시다.

'슬픔'과 '설움'의 차이를 구분하여 사용하려는 번역가의 섬세한 마음가짐과 태도가 지금 우리에게 필요한지도 모르겠습니다.

8월

맞춤법과
띄어쓰기가 맞아야
해석이 정확해져요

조금 오래된 자료이긴 하지만 한 구인·구직 포털사이트에서 한글날을 앞두고 대학생을 대상으로 맞춤법에 대한 설문조사를 했습니다. 그 결과 충격적인 맞춤법 실수 1위는 '감기 빨리 낳으세요.'였다고 합니다. 그뿐 아니라 '어의가 없다.', '얼마 전에 들은 예기가 있다.' '저한테 일해라절해라 하지 마세요.', '이 정도면 문안하죠.', '구지 그렇게까지 해야 할까요?'처럼 일상에서 자주 사용하는 표현들이었다고 해요.

대학생 대상의 설문조사 결과로는 믿기지 않는 충격적인 내용이죠?

맞춤법이 중요한가요?

누구에게나 헷갈리는 맞춤법이 있습니다. 그리고 SNS에 올린 글이나 댓글에 설령 맞춤법을 좀 틀리게 적었다고 해도 잠깐의 창피함과 부끄러움만 감수하면 대수롭지 않은 일인 것처럼 넘어가죠. 한 커뮤니티에서는 이와 관련해 '의미만 통하면 됐지 잘못 쓴 게 뭐 그리 큰 문제가 되냐'는 의견도 있었던 걸로 기억합니다.

초 · 중 · 고 12년 동안 국어의 문법과 문장성분은 충분히 공부했을 텐데, 단어는 띄어 쓰고 보조동사는 붙여 쓸 수 있다는 규정이 일상에 녹여지지 못하는 이유는 무엇일까요? 적절한 언어의 규칙을 이해하지 못하고, 적용하지 못하는 현상은 문맹의 가능성을 시사하는 것은 아닐까요? 그러고 보니 맞춤법에 따라 글쓰기를 훈련한 경험은 초등학교 받아쓰기 시험을 볼 때가 유일했네요.

직접 만나서 대화하다 보면 표정과 어조, 행동 등을 통해서 맥락을 파악할 수 있으므로 어휘를 모른다고 하더라도 크게 문제가 되지는 않아요. 그런데 취업을 준비할 시기가 되면 자기소개서를 작성해야 하고, 다양한 형태의 면접을 준비하면서 비로소 어휘와 맞춤법의 중요성을 깨닫죠.

다음 중 맞춤법이 틀린 문장을 찾아보세요.

1. 그 정책은 참담한 결과를 낳았다.

2. 부부간 금실이 참 좋으세요.

3. 위험을 무릎쓰다.

4. 여러분이 기자보다 낫다.

답은 3번입니다. '무릎쓰다'가 아니라 '무릅쓰다'가 맞거든요. 공식적인 서류에 오탈자가 보이거나 띄어쓰기, 맞춤법이 지켜지지 않았을 때 서류에 대한 신뢰도는 급격히 떨어져요. 작은 실수도 실력으로 계산되는 서류전형에서 맞춤법에 어긋난 서류는 지원자의 기본기를 의심하게 만들죠. 결국 끝까지 서류를 읽어볼 이유마저 사라지게 만들고, 지원자는 첫 번째 관문인 서류전형을 통과하지 못할 확률이 높아집니다.

띄어쓰기를 잘하고 싶나요?

여기 '나물좀갖다줘.'라는 문장이 있습니다. 띄어쓰기가 없으니 사람에 따라 '나 물 좀 갖다줘.'가 될 수도 있고, '나물 좀 갖다줘.'로 읽을 수도 있겠군요. 우리가 대수롭지 않게 생각하는 띄어쓰기에 따라 문장의 의미가 완전히 달라질 수 있음을 간단한 예를 통해 살펴봤어요.

한문을 쓰는 중국이나 일본은 띄어 쓰지 않습니다. 우리나라도 개화기 이전까지는 붙여 썼다고 해요. 하지만 상대에게 전달하고자 하는 의미를 정확하고 빠르게 파악하기가 어렵다 보니 띄어 쓰게 된 것이라고 하네요. 현실 언어생활에서는 말이나 글을 띄어쓰기에 따라 이해하지 않습니다. 상황과 맥락에 따라 이해하죠. 즉 '나물 좀 갖다줘.'보다 '나 물 좀 갖다줘.'가 더 적절한 상황이 있다는 거죠.

그런데 제가 말하고자 하는 띄어쓰기는 문장의 맥락과 구조를 바꿀 수 있는 띄어쓰기예요. 무슨 소리냐고요?

다음 단어 중 띄어쓰기가 맞는 것을 골라보세요.

함께 하다.

함께하다.

어려운 단어, 생소한 어휘는 하나도 없어요. 하지만 맞는 것을 고르려니 고민되죠? 사실 두 개 모두 올바른 표현입니다.

위의 '함께 하다'는 구체적인 행위를 누군가와 함께하는 경우에 부사인 '함께'와 동사인 '하다'를 각각 띄어서 표기한 것이죠. 이럴 때는 앞에 '공부를', '운동을'처럼 행위에 해당하는 단어가 와야 해요. 반면, 밑에 '함께하다'처럼 '함께'와 '하다'를 붙여 쓰는 경우는 경험이나 생활을 더불어 한다는 뜻으로 '함께하다'라는 말 자체가 하나의 동사가 됩니다.

> **"우리 큰형은 작은형이고, 우리 작은형은 큰형입니다."**

3형제 중 막내가 동네 사람들에게 자기 형들을 이렇게 소개했다고 합니다. 막내는 이렇게 말하고 싶었던 것 같아요.
"우리 큰형은 작은 형이고, 우리 작은형은 큰 형입니다."
띄어쓰기 하나로 뭐가 달라지냐고요?
'큰 형'이라고 띄어 쓰면 키가 큰 형을 뜻해요. '큰형', '작은형'이라고 붙여 쓰면 '첫째', '둘째' 같은 순서를 나타내고요. 형용사 '크다', '작다'의 활용형으로 기본형 어간에 관형사형 어미를 붙여서 어쩌고저쩌고… 이렇게 설명하면 책을 당장 덮고 싶겠죠?
문법은 국어 시간에 따로 배우기로 하고, 제가 하고 싶은 말

어휘력과 문해력을 쑥쑥 키우는 12단계

은 띄어 쓸 땐 '단어'를 아는 게 참 중요하다는 거예요. 띄어쓰기의 기준은 '단어'이기 때문이죠. 어휘는 문장의 맥락과 구조를 바꿀 수 있는 띄어쓰기에서 아주 중요해요. 보세요, 띄어쓰기를 고치고 나니 논리에 맞지 않던 막내의 가족 소개가 대번에 명확해지잖아요. 띄어쓰기는 생각보다 힘이 셉니다.

다음의 문장 중 올바르게 띄어쓰기한 것을 골라볼까요?

열 길 물속은 알아도
열 길 물 속은 알아도

오랜만에
오랜 만에

일 년만에 다시 만났다.
일 년 만에 다시 만났다.

정답을 쉽게 맞혔나요? 헷갈린다면 정확히 모르고 있어서

어휘력과 문해력을 쑥쑥 키우는 12단계

그럴 거예요. 띄어쓰기에도 일정한 규칙이 있습니다. 그런데 예외도 있어요. 예를 들면, '간'이 '사이'나 '관계', '거리'를 나타낼 때는 앞말과 띄어 써야 하고, '기간'을 나타낼 때는 앞말에 붙여 쓰는 게 규칙이지만, '남매간'이나 '형제간'처럼 한 단어로 굳어진 말은 '사이'를 나타내더라도 붙여 써야 해요. 그러니 '남매 간에 사이가 좋다.'라고 문장을 쓰면 맞춤법에 어긋나는 거죠. 규칙과 문법을 미리 익혀두었다 하더라도 쓰지 않으면 금방 잊어버리고, 예외도 많기 때문에 눈과 손에 익숙해져야 해요. 그게 바로 오래 기억하는 방법이니까요.

영어 단어도 눈으로만 외우면 철자를 틀리게 적거나 스펠링이 하나 빠져도 잘 알아차리지 못하잖아요? 그래서 눈으로 외웠다 하더라도 꼭 한 번 써봐야 해요. 대학생들의 맞춤법 실수가 잦은 이유도 손으로 직접 써보지 않았기 때문일 거예요. 띄어쓰기도 마찬가지입니다. '굳이, 구지' 등 쓰면서 뭐가 맞는지 몰라서 당황한 경험이 많을수록 맞춤법 실수도 눈에 띄게 줄어든답니다.

먼저 컴퓨터로 일기를 써봐요

'희미한 잉크 자국이 또렷한 기억보다 낫다'는 말이 있어요. 아무리 좋은 기억력을 갖고 있다 하더라도 시간이 지나면서 자연스럽게 많은 것들을 잊기 마련이죠. 그래서 인간은 문자가 없던 시대에도 그림으로 기록을 남겼는지 모르겠습니다. 개인의 일상을 기록한 《안네의 일기》나 《난중일기》를 세월이 흐른 지금은 '시대의 유산'이라 칭송하는 것도 기록의 힘이죠.

일기는 과거의 어느 시대를 짐작하게 하는 사료의 역할을 할 뿐만 아니라 일기를 쓴 사람에 대해서도 면밀히 알 수 있어 그 가치를 더욱 높게 평가하는 것 같아요.

최근 한국어를 배운 지 3년이 되지 않은 키이우 학생들이 쓴 일기가 책으로 나왔다는 기사를 읽었어요. 우크라이나 현지 한국인 교사가 학생들의 일기를 《2022년 봄 나의 일기》라는 책으로 엮었다고 하죠. 러시아 공습에 대한 공포와 혼란, 전쟁에 대한 참상을 고백처럼 적은 일기라고 하는데… 여러분은 지금 일기를 쓰고 있나요?

초등학교 다닐 때 알림장을 손으로 쓰고, 받아쓰기 연습을 숙제로 내준 이유는 쓰기 연습을 통해 손힘을 기르기 위함이었습니다. 요즘은 알림장도 애플리케이션을 활용하는 바람에 연필을 잡고 글씨를 쓸 기회가 점점 사라져만 가는데요. 쓰기 활동의 기회가 줄어드니 중학생들의 글씨체가 마치 초등학교 저학년 학생의 글씨체 같아요. 자신도 잘 알아보지 못하는 글

어휘력과 문해력을 쑥쑥 키우는 12단계

씨를 다른 사람이 알아볼 리 만무합니다.

쓰기에 부담을 느끼거나 어려움을 가진 친구라면 우선 컴퓨터로 일기를 써보세요. 제가 앞에서 눈과 손에 익숙하게 하는 것이 맞춤법을 오래 기억하는 방법이라고 했잖아요. 손 대신 눈에 먼저 익숙하게 하는 방법이 컴퓨터에 일기를 작성해 보는 거예요.

일기 쓰기도 일종의 글쓰기인데, 쓰고 나서 고치려면 지우기 힘들다고 퇴고를 포기할 때가 많은데요. 컴퓨터로 일기를 쓰면 이런 고충은 단번에 해결됩니다. 마음에 들지 않는 문장은 '딜리트(Delete) 키'로 쓱 지우고, 키보드 콕콕 눌러 고쳐 쓸 수 있으니까요. 게다가 한글 타자 연습까지 되니 꽤 좋은 방법이죠?

이것도 부담이라면 '세 줄 감사 일기'는 어떨까요? 여러분이 잘 알고 있는 충무공 이순신의 《난중일기》 원문에도 한 줄짜리 일기가 수두룩했다고 해요. 짧은 일기라 할지라도 매일 빠뜨리지 않고 쓰는 행위가 주는 위로와 성취감은 굉장할 겁니다. 특별히 감사할 일이 없는 평범한 하루에서도 감사할 거리를 찾게 되니 사소한 것에 감사할 줄 아는 사람으로 변하기도 하고요.

뭐가 되었든 자신의 일상을 한글이나 메모장을 열어서 단 몇 줄이라도 적어 보세요. 하루 동안 일어난 일들을 생각해보고 그중에서 기억하고 싶은 일, 감동스러웠던 일, 아쉬웠던 일, 누군가에게 미안했던 일, 감사했던 일 등 쉽사리 사라지지 않는 감정을 최대한 솔직하고 담담하게 적어 보세요. 그런데 거기에서 끝나서는 안 돼요. 포털사이트에서 '맞춤법 검사기'를 검색해 자신이 쓴 일기를 검색기에 돌려봐야죠. 깜짝 놀랄 거예요. 맞춤법 오류가 너무 많아서요.

시험을 보고 나면 틀린 문제가 기억에 오래 남듯이 맞았다고 생각한 맞춤법이 틀렸을 때의 충격은 오래가요. 인지심리학자 김경일 교수님은 이런 현상을 '하이퍼 코렉션 효과'라고 했는데 '좀 더 세게 수정을 한다'는 의미예요. 알고 있다고 생각한 문제를 틀리면 충격이 큰 대신 훨씬 더 잘 기억하게 된다는 뜻이죠.

일기를 쓰고, 퇴고하고, 맞춤법 검사기에서 맞춤법 오류를 찾아 수정하는 일을 반복하다 보면 어느새 여러분은 생활 글쓰기와 맞춤법의 달인이 되어 있을 거예요.

매일 필사하면 어느새 문장가가 돼요

여러분은 좋아하는 작가의 글을 베껴 써본 적 있나요? 좋아하는 작가가 없다고요? 그러면 여러 번 읽은 책, 멘토로 삼고 싶은 사람이 나온 방송이나 강연, 작품 속 명대사나 격언도 좋아요. 무엇이 되었든 인상적인 한 문장을 그대로 적어 보기만 하면 되거든요.

맞춤법 검사기를 활용해 오류를 잡는 게 눈이 익숙하게 하는 방법이라면, 필사는 손이 익숙하게 하는 방법이에요. 손을 움직여 적는 행위는 컴퓨터 키보드를 두드리는 것과는 비교가 되지 않을 만큼 기억에 오래 남아요. 노트북을 사용해 필기한 학생들이 손으로 필기한 학생들보다 기록한 양은 두 배나 많았지만, 시험 성적은 손으로 필기한 학생이 더 좋았다는 연구 결과도 있어요.

그냥 아무 생각 없이 베껴 쓰면 시간만 낭비하는 꼴이 될 수도 있으니 문장을 읽고, 생각하고, 필사해야 해요. 눈으로 읽는 것보다 글로 쓰면서 읽는 게 글을 더 꼼꼼히 읽는 데 도움이 된답니다. 베껴 쓸 문장을 읽고, 다시 보지 않고 한 문장을 잘 옮겨 적을 수 있는 수준이 되면 여러분은 자기도 모르는 사이 훌륭한 문장가가 되어 있을지도 몰라요. 맞춤법을 신경 써서 적었을 뿐인데 문장력까지 눈에 띄게 좋아지니 안 할 이유가 있나요?

베껴 쓰기를 한 단계 업그레이드한 버전도 있어요. 문장 속의 단어 몇 개를 치환해서 나만의 문장을 만드는 거예요. 인기

만화가 허영만의 《커피 한잔 할까요?》라는 만화책은 '강고비'라는 청년이 '박석' 카페 사장님에게 원두와 커피를 배우며 인생을 알아가는 내용인데요. 거기서 박석 사장님의 "정답은 언제나 원두 안에 있다는 것을 잊지 말도록 해라."라는 대사가 나오거든요. 이 문장이 너무 좋아서 필사했는데 그때 제가 단어 하나를 살짝 바꿔서 제 인생의 문장을 만들었죠.

"정답은 언제나 질문 안에 있다는 것을 잊지 말도록 해라." 어때요?

최근 자격증 시험은 종이로 보는 시험에서 컴퓨터 시험으로 대부분 대체되었지만, 여전히 학교 시험과 대학 입시는 지면으로 치러지고 있어요. 매일 필사하기는 손글씨 연습과 글씨체 교정에도 도움이 될 뿐만 아니라 논술 시험이나 글쓰기 실기 시험을 준비하는 친구들에게도 필요해요. '맞춤법 검사기'를 활용해 나의 글을 점검하는 행위, 필사하기를 통해 맞춤법과 띄어쓰기를 지켜 적는 행위는 모두 몸이 기억하는 문해력 향상 비법이에요.

망설이지 말고 일단 시작하세요. 아무것도 하지 않으면 아무 일도 일어나지 않아요.

9월

맞는 듯
틀린 단어를
찾아내요

9월은 입시의 계절이에요. 고등학교 3학년은 수시 원서 접수를 해야 하는 시기이고, 중학교 3학년은 전기 고등학교 입학 전형에 필요한 준비를 해야 하죠.

이제 대입에서 자기소개서는 사라졌지만, 고등학교의 경우 학교별로 자기소개서를 요구하는 전형이 있어요. 전기고에 해당하는 과학고, 예술고, 체육고, 마이스터고, 특성화고 지망 학생들 모두에게 해당되는 건 아니지만, 입학에 필요한 자기소개서를 미리 작성해야 하는 친구들은 9월부터 입시를 준비하는 것이나 마찬가지죠.

자기소개서를 처음 쓰는 친구들은 서툴고 어색해서 여러 번 퇴고를 거칠 수밖에 없어요. 지금까지 앞에서 소개한 것들을 잘 실천했다면 분명 어휘력과 문장력도 좋아졌을 테니 자기소개서 쓰기가 훨씬 수월하겠죠?

자기소개서는 말 그대로 자신을 소개하는 글이에요. 지원하는 학생에 관해 묻고 싶은 내용이 질문으로 나와 있죠. 따라서 퇴고할 때는 질문에 적절한 답을 했는지, 문장의 흐름은 괜찮은지, 자기 생각을 논리적으로 드러내고 있는지, 비문은 없는지 등을 체크해야 해요.

짧은 글로 연습해 봐요

다음 문장에서 어색한 곳을 찾아볼까요?

> **친구와 나는 지금 하굣길에, 편의점에서 컵라면을 사 먹기로 약속했다.**

이 문장에서 특별히 어색한 곳을 찾지 못했다면 여러분은 앞으로 글을 읽을 때 조금 더 주의를 기울일 필요가 있어요. '지금'보다는 '방금'을 넣어야 더 자연스러운 문장이 되거든요. '친구와 나는 방금 하굣길에, 편의점에서 컵라면을 사 먹기로 약속했다' 어때요? 말하고 있는 시점 '바로 조금 전'에 해당되는 부사가 오거나, '지금'이라는 어휘를 그대로 사용하려면 '막'이라는 부사를 추가해 '친구와 나는 지금 막 하굣길에, 편의점에서 컵라면을 사 먹기로 약속했다.'처럼 말하고 있는 시점과 같은 때라는 의미를 살려야 문장이 훨씬 부드러워진답니다.

어휘가 모여 문장이 되고, 문장이 모이면 글이 됩니다. 잘못된 문장을 그냥 지나치지 마세요. 이상하고 어색한 것을 찾았다면 바르게 고쳐보세요. 서술어에 따라 주어나 부사가 적절한지 확인해보는 습관을 지녀보세요. 주어와 서술어를 먼저 쓴 다음 궁금한 점을 삽입하는 형식으로 글을 쓰라는 조언도 이런 맥락에 따른 거예요.

이런 말은 입시에서도 감점 요인이랍니다

다음 문장에서 어색한 곳을 찾았나요?

> **어느덧 랜선 모임은 신박한 것에서 평범한 것이 되어갔다.**

읽고 쓰는 것보다 보고 듣는 것에 익숙한 여러분들은 스마트폰이 없었던 시절을 상상도 못 할 거예요. 한동안 코로나 때문에 대면 모임을 자제하도록 권고하자 SNS 소통과 비대면 모임이 급증했죠. SNS 이용이 늘어나자 일상대화에서도 SNS에서 사용하는 어휘들이 출처를 모른 채 급속도로 퍼져나갔고요. '랜선 모임'이나 '신박'이라는 단어들도 그중 하나로 사전에는 없는 단어들이죠. 사전이 급변한 현실을 반영하지 못하는 부분도 있지만, 조금 다른 각도에서 생각해보면 어떨까요?

여러분이 자기소개서가 필요한 학교에 입학할 중학생이나 대입 논술 시험을 치러야 하는 고등학생이라고 합시다. 지나친 줄임말, 출처를 알 수 없는 유행어, 자기들끼리만 통하는 은어를 사용해서 자기소개서나 답안을 작성했다면 읽는 사람은 어떤 생각이 들까요? 자신을 드러내는 서류, 논리에 맞게 서술해야 하는 글에 '제 어휘력이 이렇게 빈약합니다.', '제 실력은 이 정도입니다.'라고 증명하는 꼴이 되고 말아요.

언어 습관은 쉽게 고치기 어려워요. 의식적으로 꾸준히 노력해야 하죠. 상대가 묻고 있는 게 무엇인지 파악하는 것, 자기 생

　　　　　　어휘력과 문해력을 쑥쑥 키우는 12단계

각을 논리적으로 드러내는 것, 모두 문해력과 어휘력이 필요한 부분이에요. 지나친 줄임말, 출처를 알 수 없는 유행어, 자기들 끼리만 통하는 은어는 지금부터라도 사용을 자제해 봐요.

이런 건 상식이죠

내겐 이모가 다섯 분이나 계셔. 우리 아빠는 대가족이었지.

언뜻 보면 높임말도 잘 썼고, 큰 문제가 없어 보입니다. 하지만 과연 그럴까요? 나에게 이모는 엄마의 여자 형제를 부르는 말이니 '아빠'의 대가족이 아니라 '엄마'의 대가족으로 고쳐 써야 맞겠죠? 만약 '이모' 대신 아빠의 여자 형제를 이르는 말인 '고모'를 썼더라면 올바른 표현이 되겠네요.

엄마의 친구를 부를 때도 '이모', 식당에서 종업원을 부를 때도 '이모님'이라는 호칭을 자주 사용합니다. 하지만 기본적인 뜻과 사전적 의미로는 모두 잘못된 표현이에요. 과거와 달리 가족의 형태가 축소되어 그런지 이모, 고모, 이모부(이숙), 고모부(고숙), 작은아버지(숙부), 작은어머니(숙모), 삼촌, 외삼촌의 차이를 잘 알고 있는 친구들이 많지 않아요.

이번 기회에 가족들과 앉아서 우리집 가계도를 그려보고, 친족에 관한 호칭을 정리해 보는 것은 어떨까요? 생각보다 큰 종이가 필요할지도 몰라요. 저도 가족과 함께 가계도를 그려보고 깜짝 놀랐거든요.

어느 나라보다 호칭이 중요한 한국 사회에서 이 정도의 상식은 기본 아닐까요?

쓰면 드러나기 마련이에요

영국의 작가 조지 오웰은 자신의 저서 《나는 왜 쓰는가》에서 글을 쓰는 이유를 네 가지로 정리했어요. 그중 하나가 '남들보다 똑똑해 보이고, 사람들 입에 오르내리며, 죽은 후에도 기억되고, 어린 시절 자신을 무시했던 어른들에게 보복하고 싶은 마음' 때문이라고 했죠. 그런데 정말 그의 글만으로 글을 쓴 사람이 똑똑한지 아닌지 알 수 있을까요?

실제로 대학이나 기업에서 자기소개서를 평가할 때 틀린 글자가 많으면 서류전형에서 좋은 점수를 받지 못해요. 말로는 걸러내기 힘든 오류가 글로 쓰면 드러나거든요. 글을 쓴 사람의 교양과 지식 수준을 의심받지 않으려면 사람들이 자주 틀리는 어휘쯤은 알아둬야겠죠?

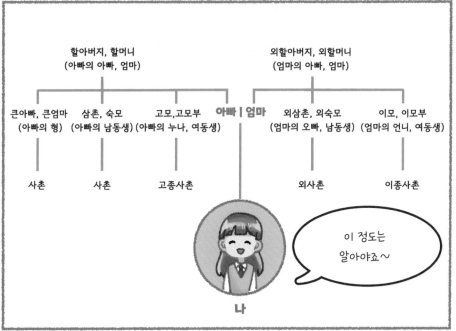

너머와 넘어

집이나 담, 산, 고개 같은 높은 것의 저쪽을 말할 때는 '너머', 넘는 행위를 나타낼 땐 '넘어'를 사용해요. 이렇게 헷갈리는 단어는 직접 문장으로 만들어보면 기억과 활용에 효과적입니다. '산 너머 남촌에는 누가 살길래', '물이 뚝을 넘어와 홍수가 났다.'처럼 연상이 쉬운 장면을 떠올릴 수 있도록 문장으로 만들어보세요.

왠지와 웬일

뚜렷한 이유 없이, 왜 그런지 모를 때는 '왠지'라고 써야 올바른 표현이에요. 웬일의 '웬'은 '어찌 된', '어떠한'이라는 뜻이 있어요. 그렇다면 '왠지'와 '웬일'을 넣어 짧은 예문을 직접 만들어볼까요?

네가 웬일이니? 깨우지 않아도 알아서 일어나고.
오늘은 왠지 기분 좋은 일이 생길 것 같네.

채와 체

"아까 지나갈 때는 (본채만채, 본체만체)하더니…….."

"길을 걷다 반가운 친구를 만났다. 그 자리에서 선 (채, 체)로 한 시간도 넘게 이야기를 나누었다."

위 문장 중 '척'으로 바꿀 수 있는 문장을 찾아보세요. '본척만척' 괜찮네요. 그럴듯하게 꾸미는 거짓 태도인 '척'과 바꾸어 쓸 수 있는 것이 '체'입니다. 따라서 첫 번째 문장은 '본체만체'가 맞는 답이겠네요. 반면, 있는 상태 그대로를 뜻한다면 '채'가 맞아요. 헷갈려서 틀릴 것 같으면 둘 중 하나만 기억하세요. '척'하면 '체' 이렇게요. 하나만 제대로 기억해도 활용에는 별 문제가 없어요.

~대와 ~데
문장 끝에 오는 –대, –데는 어른들도 구별을 잘 못해 틀리기 쉬운 어미예요. 여러분은 이 두 개를 구별해서 사용할 수 있나요? 다음 문장의 끝에는 어떤 글자가 와야 할까요?

민성이가 어제 결석했___? (대/데)

비빔밥에 간장을 넣으니까 맛이 참 좋___. (대/데)

예지는 그끄저께 체험학습 갔___. (대/데)

여수 밤 풍경이 기막히___. (대/데)

답이 분명한 것도 있고, 알쏭달쏭한 것도 있죠? 직접 경험한 것이 아니라 남이 말한 내용을 간접적으로 전달할 때, 이미 알고 있거나 들은 이야기를 다른 사람에게 전할 때는 '-대'를 써요. 그리고 자신이 과거에 직접 경험한 사실을 회상해서 누군가에게 전달할 때는 '데'를 사용하죠. 물론, 맥락에 따라 '~대'와 '~데' 두 가지가 모두 가능한 문장이 있을 수 있어요.

'~든지'와 '~던지'

> '지난겨울은 무척 춥드라. 눈 덮인 새하얀 세상이 나는 그렇게 좋드라고. 밖에 나가 얼른 눈사람을 만들고 싶은 마음에 얼마나 급했든지 옷도 거꾸로 입고 나왔지, 뭐야. 얼마나 재미있든지…'

편지글 중 일부예요. 읽을 때는 크게 문제없어 보이는데, 혹시 잘못된 부분을 찾았나요? 말할 때는 신경 쓰이지 않았는데 막상 쓰려니 잘 모르겠어서 자꾸 찾아보게 되죠? '~더라', '~던지'라고 써야 하는 부분이 모두 '~드라', '~든지'로 잘못 쓰였어요. '~든지'는 물건이나 일의 내용을 가리지 않고, 어떤 것이든 선택될 수 있음을 나타낼 때 쓰는 표현이거든요.

위 편지글은 '지난겨울은 무척 춥더라. 눈 덮인 새하얀 세상이 나는 그렇게 좋더라고. 밖에 나가 얼른 눈사람을 만들고 싶은 마음에 얼마나 급했던지 옷도 거꾸로 입고 나왔지, 뭐야. 얼마나 재미있던지…'라고 써야 맞아요. 지난 일을 회상하는 느낌일 때 또는 과거의 경험을 다른 사람에게 물어볼 때는 '~더라', '~던지'가 맞는 표현이기 때문이죠.

'~노라고'와 '~느라고'

> "쓰느라고 쓴 게 이 모양이야? 글씨 좀 봐. 지렁이 글씨네."

얼핏 보면 잘못된 표현이 없는 것처럼 보이지만 위의 문장에서 '쓰느라고'를 '쓰노라고'라고 고쳐야 맞는 문장이 됩니다. '자기 나름으로는 한다고'의 뜻을 나타내고 싶다면 '~노라고'로 적어야 해요. "이번에는 공부하노라고 한 건데 점수가 형편없어 속상했다."라고 써야 맞는 표현이죠.

'~느라고'는 앞말이 뒷말의 원인이나 목적이 될 때 사용해요. '새벽까지 공부하느라고 늦잠을 잤지, 뭐야.'라는 문장은 늦잠을 자게 된 원인이 새벽까지 한 공부 때문이니까 이때는 '공부하느라고'가 맞는 표현이랍니다.

윗과 웃

'웃어른', '웃옷', '웃돈'처럼 아래, 위의 반대 관계가 특별히 없는 단어에는 '윗' 대신 '웃'을 붙여요. 자주 틀리거나 혼동하기 쉬운 말들이죠. 이쯤에서 궁금증이 생기는 친구가 있을지도 몰라요. '웃옷'이 있으면 '아래옷'도 있지 않을까 하고 말이죠. 여기에서 '웃옷'은 '겉옷'을 의미합니다. 위에 입는 옷을 의미하는 '윗옷'과는 분명 다른 단어인 거죠. 만약 헷갈리면 반대말이나 비슷한 말을 떠올려보는 것도 한 방법이에요.

'윗니', '윗입술', '위턱', '위층' 등은 모두 아래, 위의 반대 관계가 분명한 단어들입니다. 영어 문법을 공부해 본 친구라면 일반적인 규칙에서 벗어난 예외의 것들이 늘 골칫거리라는 걸 알 거예요. 한글도 문법이 있어서 띄어쓰기나 맞춤법 표기는 일정한 규칙을 따른답니다. 된소리(ㄲ, ㄸ, ㅃ, ㅆ, ㅉ)와 거센소리(ㅊ, ㅋ, ㅌ, ㅍ) 앞에서는 사이시옷이 사라져서 모두 '윗'으로 쓰진 않는 것도 그 때문이죠.

한글도 영어처럼 문법에 예외가 많아요. 그래서 저는 문법을 암기하기보다는 일상의 말들을 적어 보고 스스로 점검하는 게 국어와 빨리 친해지는 지름길이라고 여기고 있어요. 사전을 자주 찾아보는 것도 좋은 방법이고요.

검색한다면 국립국어원의 《표준국어대사전》을 찾아보길 추천하고, 종이 사전이라면 찾는 어휘의 위, 아래 단어들도 함께 공부하길 추천해요. 특히, 들어본 적 없는 생소한 단어를 검색할 때 발음과 용례, 비슷한말, 반대말도 함께 보길 바라요. 그럼 국어 공부를 따로 하지 않아도 될 거예요.

10월

다양한 표현으로
차이를 만들어요

어느 날 딸에게 "넌 이상형이 어떻게 돼?"하고 물었더니 "난 입이 무겁고, 귀가 두꺼우면 좋겠어."라고 말하더군요. 입이 무거운 사람인 건 이해가 되는데 귀가 두꺼운 사람이 이상형이라니 참 독특하구나 싶었습니다. 나중에 이유를 듣고 웃음이 터졌는데, 여러분도 궁금하죠?

나 혼자 쓰는 관용구?

　주변에 발이 넓은 친구가 있나요? 사교적이고, 아는 사람이 많은 사람을 두고 '발이 넓다'는 표현을 씁니다. 이처럼 두 개 이상의 단어가 결합해서 특별한 의미를 나타내는 말을 관용어(동의어 관용구)라고 하죠. 각각의 낱말을 본래의 뜻으로만 이해하려고 하면 그 뜻을 제대로 알 수 없습니다. 따라서 문맥과 상황을 바탕으로 그 뜻을 짐작해야 하죠.

　'귀가 얇다'라는 관용구, 여러분도 들어본 적 있죠? 남의 말을 너무 쉽게 받아들이고, 믿는 사람을 두고 하는 표현입니다. 딸아이에게 이상형을 물었을 때 '귀가 두꺼운 사람'을 말한 이유는 귀가 얇은 사람과 반대되기 때문이라서 그랬다는군요. 익숙한 관용구를 자기 방식으로 응용한 것은 창의적이긴 하나 언어는 약속이에요. 사람들이 사용하지 않는 표현은 아쉽지만 인정받지 못하죠.

　우리가 흔히 사용하는 '귀가 따갑다', '귀에 익다', '귀가 뚫리다', '귀가 가렵다', '귀에 못이 박히다' 말고도 다양한 표현이 많이 있어요. 국립국어원 《표준국어대사전》에 들어가서 '귀'와 관련된 관용어(동의어로 '관용구'라는 표현도 있어요.) 세 개를 추가로 찾아서 짧은 글짓기를 해보세요. 실제로 해보면 절대 잊어버리는 일도 없을뿐더러 다양한 관용어를 익히면 글을 쓰고 이해하는 데도 도움이 될 거예요.

> 1. 귀를 팔다: 선생님이 수행평가 제출 시기를 얘기할 때 어
>   디다 귀를 팔았는지 통 기억이 나지 않았다.
> 2.
> 3.

꼭 책이 아니더라도 TV를 시청하거나 영화를 볼 때 관용어를 발견하면 그날은 '관용어 데이'로 정하고, 다른 표현들은 없는지 꼭 찾아보면 좋겠어요. 일상에서 어휘를 향상할 방법을 책에서만 찾을 필요는 없으니까요. 가족 또는 친구들과 '발', '눈', '손', '코', '이', '피', '물', '침', '꿈' 등을 주제로 관용어 릴레이 게임을 해보세요. 아주 재미있어요.

남들과 조금만 다르면 돼요

방송뿐만 아니라 유튜브에서도 온갖 맛있는 음식을 소개하고 먹는 방송, 일명 '먹방'이 넘쳐납니다. 특히, 출출할 시간에

송출되는 음식 소개는 뇌와 미각을 한꺼번에 자극하죠. 〈맛있는 녀석들〉이란 프로그램도 그중 하나로, 많이 먹기도 하지만 맛있게 먹기로 유명한 개그맨들이 나와서 다양한 방식으로 음식을 먹고, 그 맛을 묘사합니다.

그중에서도 김준현 씨의 맛 표현은 전설이에요. 표현력을 살리기 위해 시집도 읽고 더 노력해야겠다고 말하는 그를 보며 음식에 대한 애정과 진심을 느낄 수 있었죠.

모두가 아는 맛인데 감탄사 몇 마디로 끝내는 연예인이 있는가 하면, "음식 재료들이 아슬아슬 외줄 타기를 하는 것 같다."라고 표현하는 사람도 있어요. 익숙한 표현의 관용어는 너무 창의적으로 사용하면 소통에 문제가 생길 수 있지만, 비유는 오히려 여러분의 생각과 느낌을 창의적으로 표현할 수 있는 좋은 수단이랍니다.

느낌이나 소감을 표현할 때 비유만큼 적절한 게 없어요. 배우 황정민 씨의 어느 영화제 수상 소감이 오랫동안 회자되는 이유도 비유가 훌륭했기 때문인데요. "60여 명의 스태프와 배우들이 멋지게 차려놓은 밥상을 저는 맛있게 먹기만 했을 뿐"이라는 소감에서 '멋지게 차려놓은 밥상'은 작품 제작에 기여한 스태프 등 숨은 공로자들의 노력과 헌신을 비유한 말이죠. 비유는 이렇듯 어떤 현상이나 사물을 직접 설명하지 않고 빗

대어 설명하는 표현법이에요.

2021년 아카데미 시상식에서 영화 〈미나리〉로 여우조연상을 받은 윤여정 씨가 〈유 퀴즈 온 더 블럭〉에 출연했어요. 한국의 위상을 드높인, 명실공히 세계 최고의 배우라 인정받은 그녀도 질문에 대답하며 적확한 표현을 찾지 못할 때가 있더군요. 그때마다 옆에서 도와주는 조세호 씨를 보며 윤여정 배우가 그의 어휘력에 감탄하는 장면이 참 흥미로웠습니다.

그녀의 연기를 가까이서 지켜본, 드라마 〈파친코〉의 감독 코고나다는 "윤여정의 얼굴은 한국 역사가 담긴 지도책 같다"고 표현한 바 있습니다. 어휘력이 부족해도 비유를 통해 표현을 보완할 수 있죠. 코고나다 감독의 비유가 참신하다고 느낀 이유는 윤여정 배우의 얼굴을 역사 지도책에 비유했기 때문이에요. 이질적인 것에서 유사성을 찾아낸 코고나다의 창의력이 인상적이지 않나요?

동일한 표현은 어휘력 빈곤을 의미해요

독서를 강조하는 데는 여러 가지 이유가 있겠지만, 어휘를 자연스럽게 습득하는 가장 쉬운 방법 중 하나인 것도 큰 이유일 거예요. 책 한 권만 해도 셀 수 없이 많은 단어가 들어 있잖아요. 그중에는 아는 단어도 있고, 모르는 단어도 있고, 몰라도 크게 문제가 되지 않는 단어가 있는가 하면, 반드시 알아야 문장 전체가 이해되는 중요한 단어들도 있어요.

그런데 반드시 알아야 하는 단어들은 대체로 낯선 단어들이라는 것이 문제죠. 평소에는 사전을 찾아보면 그만이지만, 시험을 볼 때 이런 단어들이 많으면 난감해져요. 정해진 시간 안에 지문을 읽고, 문제를 풀어야 하니까요.

그래서 저는 평소 독서를 할 때 시간을 들여서라도 단어의 뜻을 추론하는 연습을 하라고 당부하고 싶어요. 물론, 처음에는 시간이 좀 걸릴 거예요. 그리고 생각도 많이 해야 하죠. 하지만 꾸준히 연습하면 모르는 단어가 나올 때 당황하지 않고, 차분하게 생각하면서 대략의 뜻을 파악할 수 있게 돼요. 긴 지문이나 어려운 지문이 나오더라도 자신의 힘으로 이해할 수 있게 되죠.

추론이란 어떤 판단을 근거로 삼아서 다른 판단을 끌어내는 것을 의미해요. 다음 문장을 읽어볼까요?

물고기 떼를 찾으며 주위를 살피던 정찰 갈매기가 소리쳤다.

＊출처 : 루이스 세풀베다 《갈매기에게 나는 법을 가르쳐준 고양이》

'정찰'이라는 단어의 뜻을 정확히 모르더라도 우리는 문장 안에서 주어진 정보를 활용해 추론할 수 있어요. '주위를 살피던'이라는 단서를 통해서 말이죠. 이때 '정찰'이라는 단어를 다른 데서 들어본 적은 없는지 생각해보세요. '정찰기'라는 단어, 뉴스에서 들어본 적 있죠? 우리나라 주변을 감시하기 위해 주변국에서 정찰기를 띄웠다는 소식 말이에요. 정찰기가 감시를 위해서라면 외부에 알려지지 않은 정보를 얻어내기 위한 것으로 생각이 뻗어나갈 수도 있고요. 이렇게 종합하면 대략적인 뜻을 정리할 수 있답니다.

그런데 여기서 끝나면 좀 아쉽잖아요? '정찰'의 뜻이 추론되었다면 이제 '정찰'을 대신할 수 있는 뜻이 비슷한 단어나 표현을 찾아보는 건 어떨까요? 즉, 유의어를 찾아보는 거죠. '정찰' 대신 '감시', '탐정', '염탐', '경찰' 같은 단어로 바꿔서 문장에 적용해 볼 수 있겠네요. 물고기 떼를 찾으며 주위를 살피는 감시 갈매기, 탐정 갈매기, 염탐 갈매기, 경찰 갈매기 중에서 의미가 가장 비슷한 어휘로 무엇이 적당할지 생각해봐요. '경찰 갈매기' 어때요?

《대통령의 글쓰기》를 쓴 강원국 님은 한 강연에서 자신이 대기업의 비서실을 거쳐 노무현 전 대통령의 연설비서관으로 활약할 수 있었던 이유는 유의어를 많이 알고 있었기 때문이라고 했어요. '성장하다'라는 표현 대신 '도약하다', '신장하다', '약진하다', '발전하다', '진보하다', '융성하다' 등의 다양한 어휘로 바꿔 쓸 수 있는 능력을 갖추고 있었기 때문이라고 말이죠.

유의어를 많이 알고 있으면 똑같은 표현을 반복함으로써 어휘력이 빈곤하다는 소리는 듣지 않을 거예요. 주어진 정보를 활용해서 모르는 단어의 뜻을 추론하고 비슷한 단어나 표현을 생각해내는 과정은, 읽고 나서 깊이 생각하고 결과에 대해 돌아보는 자기 평가가 가능하도록 도와요. 또 적절한 어휘를 선택하고, 스스로 점검하는 경험은 공부에도 크게 도움이 된답니다.

단어들도 짝이 있어요

유의어가 있다면 반의어도 있겠죠? 어휘의 뜻이 서로 반대되는 관계에 있는 말이라서 '반대말'이라고도 부르죠.

반의어 관계가 되려면 반드시 공통되는 부분이 있어야 해요. 쉬운 예로 '위'의 반의어는 '아래'인데, 모두 위치를 나타낸다는 공통점이 있죠. '뚱뚱하다'와 '말랐다', '올라가다'와 '내려가다', '차갑다'와 '뜨겁다'에도 마찬가지로 공통점이 있습니

다. 이 점을 염두에 두고 다음의 문제를 풀어보세요.

다음 중 반의어로 이루어진 쌍이 아닌 것을 골라보세요.

1) 굼뜨다-재다

2) 굵다-얇다

3) 기울다-차다

4) 숱하다-적다

다음 중 반의어로 이루어진 쌍이 아닌 것을 골라보세요.

1) 승천-강림

2) 만조-간조

3) 자연-개연

4) 수축-팽창

다음 중 반의어로 이루어진 쌍이 아닌 것을 골라보세요.

1) 녹녹하다-딱딱하다

2) 볼록하다-꺼지다

3) 값없다-비싸다

4) 다정하다-무정하다

반의어 관계가 아닌 보기를 어떻게 바꾸면 짝이 맞을지 적어 보세요. 쉬운 것 같지만 선뜻 대답이 안 나올 수도 있어요. N포털의 국어사전을 검색하면 '굵다'의 반의어로는 '가늘다', '곱다', '잘다'가 있습니다. '굵다'에도 본디 여러 가지 뜻이 있으므로 반의어도 다양한 거죠. '굵은 삼베옷', '굵게 짠 돗자리' 같은 문장이라면 '굵다'의 반대말은 '곱다'가 돼요. '알이 굵다.', '감자가 굵다.' 같은 문장에서 '굵다'의 반대말은 '잘다'가 되겠죠. 반의어를 공부하면 어휘력이 좋아집니다.

'자연'과 '다정하다'의 반의어는 여러분의 몫으로 남겨둘게요. 단어의 뜻을 제대로 알아야 올바른 반의어도 찾을 수 있다는 사실을 꼭 기억하세요. '다정하다'의 반대말이 '무정하다'가 될 수 없는 이유는 '많다'의 반대말이 '없다'가 아닌 것과 같습니다.

형용사나 동사의 단어 한 개를 정해서 유의어와 반의어를 추측해보고, 그 관계가 적절한지 따져보는 습관을 들여보세요. 여러분의 어휘력이 급상승할 거예요.

11월

신문 읽기로
어휘력의 왕이
되어 봐요

입시 면접을 준비하는 수험생이나 취업을 준비하는 대학생에게 저는 반드시 신문을 챙겨 읽으라고 당부해요. 면접 시 경제, 국제, 사회, 과학, IT, 경영 분야의 최근 동향을 묻는 질문이 자주 나오기 때문이죠.

저는 신문 장기 구독자예요. 한 달에 2만 원 남짓의 비용으로 지구 반대편 소식도 소상히 알 수 있고, 국내에서 일어나는 다양한 사건 사고의 시작과 끝도 파악할 수 있으니까요. 그뿐인가요? 관심 분야가 아니면 모르고 지나쳤을 이슈들과 새로운 용어, 흥미로운 연예가 소식, 화제가 되는 영화, 드라마, 웹툰, 신간 안내까지 얼마나 유용한 기사가 많은지 몰라요.

스마트폰으로도 신문을 읽는다고요?

여러분들은 뉴스와 기사를 대부분 스마트폰으로 찾아보죠? 안 보는 것보다는 낫지만 뉴스나 기사도 정해진 알고리즘을 기준으로 노출된다는 건 이미 널리 알려진 사실이에요.

평소 관심을 두지 않던 분야의 정보나 기사를 접하려면 따로 노력을 기울일 수밖에 없는데, 이것이 스마트폰으로 뉴스와 기사를 읽는 한계입니다. 게다가 기사와 함께 뜨는 광고들은 기사를 정독할 수 없게 훼방꾼 역할을 톡톡히 해요.

물론, 인터넷 기사로 접하는 소식이 신문보다 더 빠를 때도 있어요. 자료를 수집하고, 기사를 작성하고, 인쇄 후 배달까지의 시간을 고려하면 실시간으로 뿌려지는 인터넷 기사보다 속도가 느린 건 사실이니까요. 하지만 인터넷 기사가 실시간 상황을 즉각적으로 알고자 하는 사람들의 욕구는 충족할지 몰라도 사건의 발단, 문제의 원인, 사건의 진행과 해결 방안을 제대로 알고 이해하고자 하는 욕구까지 충족시키긴 어려워 보여요.

왜냐하면 스마트폰으로 긴 글의 기사를 처음부터 끝까지 꼼꼼히 읽는 사람은 아주 드물기 때문이죠.

어휘력과 문해력을 쑥쑥 키우는 12단계

신문 읽기가 처음인가요?

신문 기사도 기자나 필자의 관점과 해석에 따라 정보의 왜곡이 일어날 수 있다는 단점이 있긴 해요. 그럼에도 신문 읽기를 추천하는 이유는 목적 있는 글 읽기, 비판적 글 읽기, 사실과 의견을 구분하는 글 읽기 등 문해력을 키울 수 있는 글 읽기 훈련의 텍스트로 가장 적합해서예요. 거기에 긴 글을 읽는 습관을 서서히 들일 수 있는 점, 논리적인 구조의 글을 매일 접할 수 있는 점 등 신문 읽기를 강권할 이유는 충분하답니다.

신문을 구독해서 읽기 시작한 지 10년이 훌쩍 넘었지만, 저라고 긴 글을 읽는 게 처음부터 쉬웠던 건 아니에요. 혹시 여러분 중에 신문 읽기가 처음인 친구가 있다면 제가 신문과 친해지기 위해 썼던 몇 가지 방법을 소개할 테니 참고해 보세요.

큰 글씨만 읽어요.

깨알 같은 글씨까지 모조리 읽겠다는 마음이 신문을 멀리하게 만드는 가장 큰 원인이 될 수 있어요. 그럴 때는 기사의 내용을 압축해 놓은 큰 글씨의 제목만 읽어보는 겁니다. 일명 '헤드라인 읽기'인데요. 제겐 큰 효과가 있었죠. 헤드라인 읽기를 한 달가량 지속하자 세상의 흐름이 조금씩 보이기 시작하더라고요.

그렇게 제목만 읽다가 관심 있는 기사가 있으면 내용도 함께 읽었어요. 여러분에게는 신문 헤드라인이 기사의 내용을 잘 반영하고 있는지 확인해 보길 추천해요. 독자의 흥미를 끌기 위한 제목 짓기가 너무 과열되어 내용과 무관한, 혹은 내용과 반대되는 제목을 달고 나오는 경우가 종종 목격되거든요.

매일의 주요 일과에 신문 읽는 시간을 넣어요

큰 글씨만 읽는 것도 시간과 노력이 필요한 일이라는 걸 몰라서 초반에는 밀리는 날이 일쑤였어요. 그래서 고민 끝에 작전을 조금 바꿨어요. 일과에서 기준이 되는 시간, 일명 '시간 기둥'에 신문 읽기를 붙여본 거죠.

여러분의 '시간 기둥'이라면 학교 수업, 식사 시간, 취침 시간, 학원 수업, 드라마 시청 등이 될 수 있겠네요. 예를 들어, 학교 다녀오자마자 혹은 식사하자마자, 학원 가기 전, 10시 드라마 시청 전처럼 일정하고 규칙적인 일과에 신문 읽는 시간을 붙여 넣는 거예요.

저의 경우, 운동 갈 때 신문을 꼭 들고 갔습니다. 따로 시간을 내지 않아도 되는 데다 실내 자전거 위에서 페달을 밟으며 읽는 신문 읽기는 집중에도 그만이더라고요.

여러분도 한번 해보세요. 시간을 딱 정해놓고 지키려고 애쓰는 것보다 훨씬 효과적일 테니까요.

어휘력과 문해력을 쑥쑥 키우는 12단계

관심 있는 제목의 기사부터 읽어요

신문이 따분하다는 선입견을 거두세요. 패션, 여행, 음식, 책, 웹툰, 게임처럼 여러분의 흥미를 끌 만한 기사가 많으니 우선 관심이 가는 주제의 기사부터 읽어봐요.

저는 게임에는 큰 관심이 없지만 '배틀 그라운드'에 대한 신문 기사를 읽고 유저들 사이에서 폭발적인 인기를 끌었던 이유며, 어떤 방식으로 진행되는 게임인지, 청소년들에게 미치는 유해한 영향은 무엇인지 등을 자세히 알 수 있었어요. 〈유미의 세포들〉이라는 웹툰을 보지 않았는데도 여성의 마음을 섬세하게 그려낸 작품이라서 화제가 되었다는 사실도 알게 되었고요. 나중에 드라마로 나왔을 때는 전에 읽었던 기사가 배경지식이 되어 더 빠르게 내용을 이해할 수 있었죠.

신문을 읽다 보면 새롭게 알게 되는 정보가 많아 유익할 뿐만 아니라 다양한 분야에 대한 관심과 지식이 쌓여 긴 글을 읽는 것도 전혀 부담되지 않아요. 혹시 긴 글 읽기가 어렵다거나 기본 지식과 상식이 부족한 친구라면 꾸준한 신문 읽기가 여러모로 도움이 될 거예요.

소리 내어 읽어요

이해하기 어려운 기사, 좀처럼 진도가 나가지 않는 그런 기사를 읽을 때는 소리 내어 읽기를 추천해요. '낭독이 묵독보다

효과적'이라는 말의 근거는 얼마든지 있답니다. 뇌신경 세포가 더 활발하게 반응했다든지, 눈과 입과 귀의 협업이라 기억에도 효과적이라는 이론은 차치하고라도, 제 경험상 소리를 내어 읽으면 즉시 내용에 몰입되는 효과가 있더라고요.

끌리는 제목이라 기사를 읽기 시작했는데 내용이 어렵다면 소리 내어 읽어보세요. 어려운 기사를 끝까지 읽었다는 성취감 자체만으로도 이미 특별한 경험이 돼요. 만약 소리 내어 읽을 때 더듬거리는 정도가 심하다고 느껴지면 유창하게 읽을 수 있을 때까지 꾸준히 연습해 보세요. 유창하게 읽기가 안 되면 내용은 알아도 잘못 이해하는 결과가 발생할 수 있거든요.

신문을 활용해 어휘를 늘려요

신문과는 친하지 않아도 'NIE(Newspaper In Education)'라는 용어는 익숙하죠? 이 책을 읽고 있는 여러분 중에는 NIE 수업에 참여한 친구들도 다수 있을 거예요. 신문의 기사를 읽고, 어휘를 정리하고, 내용을 요약하는 활동을 통해 교육의 효과를 끌어내는, 신문을 활용한 대표적인 학습 활동 중 하나죠.

신문을 활용한 특별하고 재미있는 활동이 몇 가지 있어 여기에 소개할게요. 친구 혹은 가족과 함께 짝을 지어보세요.

헤드라인의 글자를 조합해 단어 만들기

"정보 홍수 아닌 정보 결핍이 문제 되는 요즘… 문해력이 더 중요"라는 헤드라인이 있었어요. 실제 2022년 2월 20일 모 신문 기사 제목인데, 모두 24개의 음절인 걸 확인할 수 있습니다. 이제 각각의 음절을 따로 떼고 조합해 단어를 만들어볼 거예요. 1분 동안 각자 단어를 만들고, 짝과 함께 번갈아 가며 맞춰 보세요.

> **보정, 요정, 수정, 해제, 해결 등**

대개는 자신이 뜻을 알고 있거나 들어본 적이 있는 단어를 찾았을 거예요. 그럼 이제 짝과 돌아가며 단어의 뜻을 확인해 보세요. 내가 모르는 단어가 나오면 짝에게 묻고 설명해 달라고 하세요. 혹시 설명이 부족하다면 함께 사전을 찾아보는 것도 좋겠죠?

한 지면에서 거꾸로 해도 단어가 되는 것 3개 이상 찾기

앞에 소개한 기사의 헤드라인에서 거꾸로 해도 단어가 되는 낱말은 뭐가 있을까요? '정보'와 '보정', 어렵지 않게 찾았죠?

어휘력과 문해력을 쑥쑥 키우는 12단계

'문제'를 거꾸로 한 '제문'이나 '문해'를 거꾸로 한 '해문'은 어떤가요? 이런 단어가 있었나 싶죠? 그런데 모두 국어사전에 수록된 어휘들이에요. 익숙지 않은 단어라 바로 찾기는 어려웠을 테지만 낯선 단어를 찾아보는 좋은 기회는 되었을 거예요.

새롭게 알게 된 어휘는 사전에서 그 뜻을 찾고 그대로 따라 적어 보세요. 필사의 효과는 이미 앞에서 충분히 설명했어요. 뜻과 용례를 찾아 읽고 여러분의 어휘로 만드세요. 반드시 기억해야 하는 어휘라면 어휘 카드를 만들어서 활용해 보는 것도 좋아요.

어휘 카드를 만들 때는 포스트잇 하나에 단어 한 개만 적는 것을 원칙으로 앞에는 단어를, 뒤에는 뜻을 써서 뜻을 보고 단어를 맞춘다든지 단어를 보고 뜻을 설명하는 형태로 활용해 봐요. 메타인지의 원리를 활용한 방법이니 단어를 확장하는 데 탁월한 효과가 있을 거예요.

낯선 단어 하나 이상 넣어 짧은 글짓기

새롭게 알게 된 단어를 한 개만 골라 단어를 넣은 짧은 글짓기를 해보세요. 낯선 단어로 문장을 만들 때는 사전에서 용례를 찾아보면 도움이 돼요. 그렇게 어휘를 활용해 보면 단어를 입에 올리는 횟수도 늘어나죠. 짧은 글짓기를 하기가 쉽지 않고 시간이 걸릴지는 몰라도 실제로 단어가 어떻게 쓰이는지를 알 수 있어 낯선 단어를 자신의 어휘로 만드는 좋은 방법이랍니다. 앞에서 말한 기사로 한번 만들어볼까요?

할아버지 제사에서 아빠가 제문을 읽었다.

모든 공부가 그렇듯 어휘도 마찬가지예요. 입력보다 출력이 중요하죠. 머리에 들어 있는 지식이 아무리 많아도 꺼내어 쓸 수 없다면 쓸모가 없는 것처럼, 어휘를 활용할 수 없다면 그건 아무것도 모르는 것과 다를 바 없으니까요.

얼마든지 다르게 활용할 수 있어요

우리는 말과 글로 서로의 생각을 나눠요. 이때 언어의 가장 작은 단위는 '단어'인데요. 단어에는 어떤 사물이나 상황을 분별하고 판단한 모든 것이 담겨요. 따라서 단어는 생각의 최소 단위이자 개념의 최소 단위가 되기도 하죠. 새롭게 알게 된 단어를 자유롭게 활용할 수 있다면 자기 생각을 더 적확하게 표현할 수 있어요. 개념을 명확히 설명할 수도 있고요.

어휘력과 문해력을 쑥쑥 키우는 12단계

다양한 어휘 확장법 중 신문을 활용한 몇 가지 방법을 앞에서 소개했어요. 하지만 꼭 신문이 아니어도 괜찮아요. 쉬는 시간에 짝과 함께 '기술' 교과서를 펼치는 거죠. 그리고 단원 목표나 지문의 한 줄을 응용하면 얼마든지 새로운 단어를 만들어볼 수 있어요. 거꾸로 해도 되는 단어를 먼저 찾은 사람이 이기는 게임을 해도 좋겠죠? 쉬는 시간이 기다려질 거예요.

낯선 단어는 꼭 사전을 찾아보고 내 것으로 만드는 노력, 잊지 말고 실천하세요.

12월

글쓰기로
문해력을
완성해요

사람들은 가을이 책 읽기 가장 좋은 계절이라고 하는데 저는 생각이 조금 달라요. 외출할 엄두가 나지 않는 추운 날, 따뜻한 방에 누워 귤 까먹으며 좋아하는 책을 탐독할 수 있는 겨울이 독서의 최적기 아닐까요?

곧 겨울방학이 시작됩니다. 여러분은 이번 방학에 어떤 책을 읽고 싶나요?

어휘력과 문해력을 쑥쑥 키우는 12단계

나만의 비밀스러운 독서 공간을 만들어요

독서가 유익하다는 것쯤은 삼척동자도 알고 있는데 왜 우리는 책 읽기가 싫을까요? 사실 독서는 시각과 청각, 언어와 개념 영역을 기억과 감정의 부분들과 연결해서 통합해야 하는 매우 복잡한 인지 과정이에요. 자기 보존을 위해 에너지를 절약하는 게 인간에게 유리하다 보니 복잡한 사고를 꺼리는 거예요. 읽고 이해하는 것은 교육을 통해서만 가능하잖아요?

하버드대학교 심리학과 교수인 스티븐 핑거도 "아이들에게 있어 소리는 이미 선이 연결된 상태지만, 문자는 고생스럽게 추가 조립해야 하는 액세서리와 같다."라고 말했어요. 우리 뇌가 말에는 자연스럽게 반응하는 편이지만 글에는 그렇지 않다는 뜻이죠.

이렇게 복잡하고 어려운 과정을 거쳐야 하는 독서이기에 어렵게 결심해도 한 달에 책 한 권 읽기가 쉽지 않아요. '노력과 꾸준함도 재능'이라는 우스갯소리가 나오는 이유도 결심이 실천으로 이어지기가 어렵기 때문이겠죠? 따라서 책 읽기에 적당한 장소, 집중이 잘 되는 환경이 중요해요.

제가 '책 읽기도 습관이 필요하다'고 생각한 때는 안타깝게도 30대 중반이었어요. 학창 시절에는 즐기는 독서라기보다

해야만 하는 과업의 하나처럼 느껴졌죠. 하지 않으면 안 되는 독서에 재미를 붙이기는 어려웠어요.

사회인이 되고, 당위가 사라진 독서는 설 자리를 잃었습니다. 그렇게 몇 년이 흘렀을 때도 위기를 감지하지 못했죠. 그런데 말을 하다가 단어가 생각나지 않아 더듬거리기 시작했고, 생각하는 것 자체가 귀찮아지는 거예요. 안 되겠다 싶어 그때부터 자투리 시간이 생길 때마다 무작정 책을 펼쳐 읽기 시작했답니다.

현대인은 하루 평균 15분 이상 화장실을 이용한다는 통계가 있던데, 저 역시 화장실이 가장 몰입이 잘 되는 좋은 장소였어요. 적어도 매일 15분 이상은 독서에 몰입한 셈이죠. 화장실마다 서너 권의 책을 비치해 두고, 목차를 빠르게 훑고 필요한 부분을 발췌해서 읽기 시작했어요.

이야기책은 단편소설이 아니고는 발췌독(책, 글 따위에서 필요하거나 중요한 부분만 가려 뽑아서 읽는 것) 자체가 불가능해서 당시엔 에세이나 자기계발서 등을 주로 읽었던 것 같아요. 그밖에도 자주 머무르는 책상과 식탁, 소파 같은 곳에 눈에 잘 띄도록 한두 권의 책을 펼쳐두었죠.

독서를 할 맛이 나는 곳, 책을 읽을 수밖에 없는 곳, 빨리 몰입할 수 있는 곳, 지하철이나 버스 안, 어디든 좋아요. 지금부

어휘력과 문해력을 쑥쑥 키우는 12단계

터 책 읽기 좋은 최적의 장소, 나만의 독서 공간을 물색해 보세요. 스마트폰은 잠시 비행기 모드로 바꿔놓고요.

책에 어울리는 뇌를 만들어봐요

앞에서도 언급했지만, 책을 읽고 이해하는 행위는 내가 가진 지식과 읽으면서 알게 된 새로운 지식 사이의 관계를 유추하는 능력이어서 매우 높은 수준의 인지 영역에 해당해요. 인간은 태생적으로 '읽는 유전자'를 갖고 있지 않으니 책을 읽고 이해하는 고도의 능력은 결국 인간이 습득하고 연마한 거죠.

하지만 노력을 기울여 어렵게 얻은 능력이라도 꾸준히 읽지 않으면 그 능력은 점점 힘을 잃고 말 거예요. 그렇다고 절망할 필요는 없어요. 거꾸로 생각하면 읽기 능력은 노력으로 얼마든지 길러질 수 있고, 꾸준히 지속하면 계속해서 발전할 수 있다는 뜻이기도 하니까요.

읽기 훈련은 한창 성장하는 10대 여러분의 뇌는 말할 것도 없고, 이미 저처럼 성숙한 어른의 뇌에도 변화를 일으킬 수 있다는 연구 결과가 있어요. 이를 '뇌 가소성'이라고 부른답니다. 뇌에 자극이 가해지면 신경이 새롭게 연결되고 강화되면서 뇌의 기능과 성질이 변화하는데, 환경이나 경험에 의해 뇌가 계속 변화하고 발달할 수 있다는 개념이죠. 경험에는 실제로 보고 듣고 만지는 직접적인 것도 있지만, 책을 통한 간접적인 경험도 있어요. 책을 읽는 동안 우리의 뇌는 마치 실제 경험을 하는 듯한 느낌을 받기 때문에 책을 읽으면 뇌도 계속해서 변화하게 되는 거예요.

여러분도 책과 도서관을 가까이하는 습관을 들이고, 꾸준히 읽고 생각하는 훈련을 해야 해요. 우리의 뇌는 독서를 통해 얻은 지식을 어떻게 내 삶에 잘 적용할 수 있을까 고민하면서 비약적으로 진화하니까요.

서서히 두껍고 어려운 책으로 나아가 보세요

소설처럼 스토리가 있는 문학 작품을 좋아하는 친구도 있을 것이고, 정보와 지식 위주의 비문학 계열을 좋아하는 친구도 있을 거예요. 독서는 개인의 취향을 반영하므로 내가 읽고 있는 책이 무엇인지 그때마다 기록하면 나의 관심 영역과 기호를 파악할 수 있어요.

소설을 좋아하는 친구라면 특별히 좋아하는 장르나 작가가 있겠죠? 제 경우, 소설은 가리지 않고 읽는 편이지만 그중에서도 각종 차별에 맞서는 여성 혹은 수많은 우여곡절을 겪지만

어휘력과 문해력을 쑥쑥 키우는 12단계

끝내 자신이 바라던 것을 성취하는 주인공이 나오는 소설에 각별한 애정을 느낍니다. 슬픈 결말보다는 행복하고 희망적인 끝을 선호하는 경향이 있고요. 여러분도 자신이 인상 깊게 읽었던 책들에서 공통점을 찾아보세요.

자신이 선택한 책에 개인의 취향이 반영되는 이유는 책 속의 등장인물이 하는 말이나 행동, 감정과 생각을 동일하게 혹은 비슷하게 느끼는 효과 때문 아닐까요? 그렇다면 독서는 자신을 알아가는 중요한 단서가 될 거예요. 시시각각 변하는 사춘기라면 생각의 변화를 읽어내는 하나의 척도가 되기도 하죠. 내가 읽은 책의 목록만으로도 취향과 성격과 관심사의 변화를 볼 수 있는 것은 그리 특별한 일이 아니에요. 그러니 되도록 다양하고 폭넓은 독서를 경험해보길 바라요.

처음에는 짧고 재미있는 책으로 다독해 보세요. 그러다 책 읽기가 익숙해지고, 독서량이 늘면 그때부터는 한 단계 높은 수준의 책을 정독할 것을 추천해요. 책을 읽고 나면 누군가와 밤새 이야기를 나누고 싶다는 생각이 들지도 모릅니다.《푸른 사자 와니니》,《리얼 마래》,《긴긴밤》,《페인트》,《완득이》,《까칠한 재석이가 사라졌다》,《갈매기의 꿈》,《기억 전달자》,《작은 아씨들》,《폭풍의 언덕》 등 스토리가 있는 책들은 대부분 그런 것 같아요.

'책에 등장하는 주인공의 선택이 달랐다면 어땠을까? 나라

면 이렇게 했을 텐데…'

주변 인물들의 행동이 때론 이해되지 않아서 다른 사람의 생각을 확인해보고 싶었던 마음. 그러기 위해서는 우선 책을 재미있게 읽어야 하고, 책 읽는 시간이 즐거워야겠죠?

독서의 진정한 재미를 알고 나면 그다음에는 자연스럽게 《데미안》,《노인과 바다》,《침묵의 봄》,《이기적 유전자》 같은 유명 추천도서 목록, 그리고 좀 많이 두꺼워서 읽기가 망설여지는 책도 시도해볼 수 있을 거예요.

독서는 거인의 어깨 위에 올라 세상을 바라보는 것과 같대요. 내가 살아보지 못한 시대, 내가 상상할 수 없는 일들을 책을 통해 경험하면서 그 상황에서 무엇이 옳은지 그른지, 어떻게 말하고 행동하는 게 현명한 것인지 생각해보는 것만으로도 여러분은 이미 좋은 사람, 멋진 어른이 될 준비를 마친 건지 모릅니다.

하루 15분이라도 매일, 꾸준히 책을 읽어봐요. 책 한 권 읽는다고 단번에 독서가 좋아지진 않겠지만, 어휘력과 독해력, 문해력은 서서히 자신도 모르는 새 얻게 될 테니까요.

쓰기, '가상 자서전'으로 도전!

문해력의 완성은 창작하는 능력, 즉 글쓰기입니다. 읽기만 하고 쓰지 않으면 산에 오르긴 하나 정상을 찍지 못하고 내려오는 느낌과 비슷하달까요?

짧은 글이면 어떻고, 짜임새 있는 글이 아니면 어떻습니까? 쓴다는 것이 중요하죠. 말을 유창하게 한다고 해서 모두가 훌륭한 글을 쓸 수 있는 것은 아닙니다. 글쓰기가 나에게 필요하다는 판단이 서야 지속할 힘이 생기고, 실제로 글을 써봐야 부족한 점을 찾아 보완할 수 있죠.

직접 써보지 않으면 짧은 글에도 오류는 얼마든지 나올 수 있다는 걸 깨닫지 못합니다. 어휘의 부족함을 경험할 일도, 내가 말하고자 하는 것에서 방향을 잃고 헤맬 일도, 완결의 짜릿함을 맛볼 일도, 퇴고의 중요성을 깨달을 일도 없겠지요. 그러니 직접 글을 써보고, 부족한 점을 하나하나 보완해 보세요.

그럼 이제 무슨 글을 써야 하느냐가 숙제로 남습니다.

12월, 한 해를 마감하는 달은 나를 돌아보기 참 좋은 시간입니다. 중요한 학교 일정도 모두 마쳤기 때문에 시간적인 여유가 있고, 살짝 느슨해질 수 있는 시기죠.

어휘력과 문해력을 쑥쑥 키우는 12단계

지난 1년을 돌아보는 글쓰기는 이미 앞에서 말한 일기 쓰기, 감사 일기 쓰기로 충분히 경험했으리라 믿습니다.

저는 이쯤에서 자신의 가상 자서전을 써보길 추천해요.

남은 학창 시절에 무엇을 공부하고 이룰 것인지, 어떤 선생님을 만나고 싶은지, 내 공부 열정에 불을 지필 사건은 무엇일지, 내 삶의 가치관을 바꿔놓을 친구는 누구일지, 가까운 미래부터 20대와 30대와 40대, 그 이후에는 어떤 삶을 살고 있을지, 나는 무엇을 할 것이며 무엇을 이루려 하는지 가상 자서전을 써보았으면 좋겠어요.

자서전이 완성되면 손발이 오그라들더라도 꼭 큰 소리로 읽고, 퇴고해 보세요. 주어와 서술어의 호응은 맞는지, 잘못 쓰인 단어는 없는지, 같은 단어가 반복해서 사용되고 있진 않은지, 비문은 없는지, 내가 하고자 하는 이야기가 잘 표현이 되었는지 확인하고, 글이 매끄럽도록 문단을 이리저리 옮겨보세요. 여러 번의 퇴고를 거칠수록 좋은 글이 나올 확률이 높아지니까요.

'사람은 누구든 각자 책 한 권 분량의 이야기를 인생에 담고 있다'는 말을 들은 적이 있습니다. 다만, 그걸 꺼내는 사람과 꺼내지 않는 사람이 있을 뿐이죠. 글을 썼다고 해서 꼭 다른 사람에게 보여줄 필요는 없으니까 힘 빼고, 일단 쓰세요.

먼 훗날 그것이 나에게 위로와 큰 울림을 주는 글이 될지 누가 알겠어요?

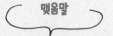

어휘력과 문해력을 쑥쑥 키우는
10대가 되기를

어휘를 모르면 어떤 글이든 제대로 이해하지 못하는 게 당연해요. 그래서 글을 읽고 의미를 파악하기 위해서는 넓고 깊은 어휘력이 기본이라고 말하는 거예요. 어휘력을 키우려면 학교 공부를 열심히 하는 것도 중요하고요. 일상생활에서 반복해서 사용, 자기 것으로 만드는 노력도 따라야 합니다.

현장에서 10대 청소년을 만나며 겪은 이야기, 청소년 자녀를 키우면서 실제로 경험한 것 중에서 어휘력을 높이는 효과적인 방법들을 정리해 봤어요. 감정과 장점에 관한 어휘, 교과서 어휘, 한자 게임, 일기 쓰기, 필사하기, 비유하여 말하기, 유의어와 반의어 찾기, 신문 활용하기, 가상 자서전 쓰기까지……

그중에서도 어휘력을 키우는 가장 좋은 방법은 독서가 아닐까 합니다. 독서는 '부익부 빈익빈' 현상을 충실히 따르니까요. 즉, 책을 많이 읽을수록 많은 어휘를 알고 능숙해져서 더 많은 독서를 할 수 있지요. 책을 읽지 않으면 어휘력 부족으로 책을 읽는 게 더욱 힘들어져 독서를 계속할 수 없게 됩니다.

  책을 많이 읽으려면 독서의 즐거움을 알아야 해요. 모든 일이 그렇듯 진가를 알아보려면 얼마간의 시간이 필요하죠. 재미와 깊이의 경지에 도달할 충분한 시간 말입니다. 운동도 그렇고, 시도 그렇고, 꽃도, 책도 모두 마찬가지입니다. 그런데 사람들은 어떤가요? 한두 권의 책을 읽어본 경험만으로 독서는 별로라고 치부하죠. 아이들이 열광하는 힙합 한두 곡만 대강 들어보고 별로라고 힙합을 무시하는 어른들처럼요.

  게임, SNS, 스마트폰 등 독서와는 거리가 먼 우리를 유혹하는 자극들이 주변에 넘쳐 납니다. 그런데 쉽고 얇은 이야기책부터 시작한다면 독서도 해볼 만할 거예요. '필독 도서', '추천

도서' 따위는 머리에서 말끔히 지우세요.

읽다가 중간에 그만두더라도 일단 책을 들고 첫 장을 펴서 한 페이지만 읽어보세요. 한 페이지를 읽는 동안 모르는 단어가 3개 이상 나온다면 그 책은 덮으세요. 그런 책은 독서 이력이 쌓이고, 책 읽기가 능숙해지면 그때 다시 시도해도 돼요.

몰입이 잘 안 되고 재미없다고 느껴져도 1/3까지는 읽어보세요. 특히, 고전소설은 앞이 다소 따분하게 전개되는 경향이 있어요. 그것만 넘기면 어렵지 않으니 인내심이 좀 필요해요.

풍부한 어휘력을 갖고 싶다는 열망, 그러기 위해 하나라도 잘 실천해 보겠다는 마음가짐, 앎의 즐거움을 깨닫는 데까지 걸리는 여러분의 시간과 인내를 이제 보여줄 시간이에요.

부디 여러분의 어휘력과 문해력이 쑥쑥 향상되어 자신이 원하는 대로 풍성한 삶을 누릴 수 있기를 바랍니다.

맺음말